Felix Ekardt
Kurzschluss

Felix Ekardt

KURZSCHLUSS

Wie einfache Wahrheiten die Demokratie untergraben

Ch. Links Verlag

Auch als ebook erhältlich

Die Deutsche Nationalbibliothek verzeichnet
diese Publikation in der Deutschen Nationalbibliografie;
detaillierte bibliografische Daten sind im Internet über
www.dnb.de abrufbar.

1. Auflage, Oktober 2017

Schönhauser Allee 36, 10435 Berlin, Tel.: (030) 44 02 32-0
www.christoph-links-verlag.de; mail@christoph-links-verlag.de
Umschlaggestaltung: Nadja Caspar, Ch. Links Verlag, unter
Verwendung eines Motivs von Thinkstock (646076632)
Satz: Nadja Caspar, Ch. Links Verlag
Druck und Bindung: Druckerei F. Pustet, Regensburg

ISBN 978-3-86153-962-9

Inhalt

Kerngedanken und Vorwort des Buches

Trump, Erdoğan, Brexit: In einer immer komplexeren Welt sind aktuell Kräfte massiv auf dem Vormarsch, die einfache Welterklärungen, klare Sündenböcke und einfache Lösungen verheißen. Dies führt zu einer Debatte über diese Personen, Vorgänge und allgemein über den Populismus, die zunehmend den gesamten politischen Diskursraum einnimmt. In der Aufregung über »verblödete Massen« und »degenerierte Eliten« geht jedoch unter, dass die Neigung zu einfachen Wahrheiten weder neu ist noch auf Populisten genannte Akteure beschränkt ist. Vielmehr tragen wir alle als Menschen latent die Neigung zu vereinfachten, verzerrten und bequemen Weltsichten in uns. Das kann im Einzelfall im Alltag sogar hilfreich sein. Nur werden wir mit einfachen Erklärungen, Sündenböcken und unterkomplexen Lösungen die Probleme einer globalisierten Welt nicht lösen, sondern dramatisch scheitern. Schlimmer noch: Wenn wir Uneindeutigkeit und Komplexität nicht aushalten lernen, hat die Demokratie dauerhaft keine Chance. Das möchte dieses Buch zeigen. Und es möchte ausloten, ob und mit welchen Mitteln wir Vernunft und Demokratie langfristig fördern und bewahren können – oder ob sie in der Gefahr stehen, eine historisch seltene Ausnahmeerscheinung zu bleiben.

Diese Abhandlung will damit einen ganz neuen Blick auf

ein Phänomen werfen, das sonst allein im Feld des Populismus angesiedelt wird. Wir werden sehen: Es reicht nicht, raunend das drohende Ende der offenen Gesellschaft oder »des Westens« zu beschwören und dies dann mit Digitalisierung, Globalisierung und vielleicht noch Pluralisierung und Automatisierung in der modernen Welt zu erklären. Und besonders deren Wirken bei den weniger Gebildeten. Oder wortreich über die tagesaktuellen Schrittchen diverser politischer Führer zu räsonieren, oder darüber, was in der Interaktion der Regierungen anders hätte laufen können oder müssen. Natürlich prägen die genannten Faktoren die gesellschaftlichen Verhältnisse im 21. Jahrhundert entscheidend, im Falle von Digitalisierung, Globalisierung und Automatisierung zum Beispiel den Arbeitsmarkt und eben auch die Demokratie. Diese Faktoren jedoch, so meine These, werden überschätzt. Man muss grundsätzlicher verstehen, wie voraussetzungsreich eine freiheitlich-demokratische Gesellschaft ist. Und wie sehr sie in einem Spannungsverhältnis zu bestimmten menschlichen Grundeigenschaften steht, insbesondere – aber nicht nur – wenn die äußeren wirtschaftlichen und technischen Bedingungen die Komplexität weiter befördern.

Man ist beim Betrachten einfacher Wahrheiten – also verkürzender Analysen und angeblich schneller Lösungen zu gesellschaftlichen Problemen, insbesondere unter Benennung vermeintlich klarer Sündenböcke – und ihres Gefährdungspotentials für die liberale Demokratie zugleich bei weiteren Fragen, die fundamentaler kaum sein könnten. Was ist Wahrheit? Was ist Rationalität respektive Vernunft – was meint also gutes Denken? Gibt es objektiv gerechte und objektiv ungerechte Gesellschaftsordnungen im pluralistischen 21. Jahrhundert? Was ist überhaupt Demokratie?

Auch Erdoğan, Putin oder Orbán würden sich ja selbst als Demokraten bezeichnen. Und was ist Freiheit, der inhaltliche Leitstern der gesellschaftlichen Verfahrensordnung (gewaltenteiliger) Demokratie? Diesen Fragen wird sich die vorliegende Abhandlung nicht entziehen können, und das in einer Zeit, in der Donald Trumps Team mit der Rede von »alternativen Fakten« die Wahrheitsidee offensiv pulverisiert. Und die Verteidiger der offenen Gesellschaft erscheinen dagegen oft seltsam machtlos, ist die Beerdigung von Wahrheit und Rationalität als vermeintlichen Herrschaftsmechanismen doch eigentlich ein eher linkes Projekt gewesen. Doch wir werden sehen: Vernunft ist nicht der Feind, sondern der Grund der Freiheit. Versteht man die Begriffe richtig, wird sich jedenfalls grundsätzlich die Möglichkeit von Wahrheit, Rationalität und Objektivität als nicht sinnvoll bestreitbar erweisen. Gleichzeitig wird sich zeigen, dass auch große Geister über jene Kategorien oft recht undifferenziert reden, was im öffentlichen Diskurs dann millionenfach nacherzählt wird.

So fraglich die Zukunft der liberalen Demokratie auch sein mag, so sehr hat man schon jetzt verloren, wenn man sie nicht zu verteidigen und besser gegen die einfachen Wahrheiten zu wappnen versucht. Deswegen werden wir nicht nur genau anzugeben versuchen, was gutes Entscheiden im Lichte von Freiheit und Demokratie unter den Bedingungen von Komplexität genau ausmacht. Wir werden auch Schritte diskutieren, die zwar keine Zaubermittel sind, aber dennoch im Kampf für die Liberalität zumindest ansatzweise eine Verbesserung der Situation bewirken könnten. Kernpunkte sind: freiheitlich-demokratische Institutionen verstehen und verteidigen. Demokratie schrittweise weiterentwickeln durch intelligente Reformen wie Losverfahren, ohne Bewährtes über Bord zu werfen. Partizipation stärken, ohne sich Illusionen hinzugeben. Einfachheit auch mal konsequent nutzen, nämlich dort, wo sie möglich ist. Einen neuen Umgang mit Populisten finden, sie insbesondere stärker ignorieren. Die menschliche Lernfähigkeit stärken und uns selbst die Komplexität und die Genauigkeit im Denken zumuten, ohne die es nicht geht. Die vielleicht wichtigste Maßnahme wäre der Versuch, die liberale Demokratie konsequent auf die europäische und internationale Ebene zu heben. Wenn sie denn überhaupt eine Zukunft hat, dann jedenfalls nur, wenn wir sie konsequent dort etablieren, wo die wirklich wichtigen Entscheidungen heute fallen oder fallen müssen – und nur, wenn sie nicht unter dem Druck erodierender sozialer Sicherungen und ökologischer Existenzbedingungen zusammenbricht.

Das sind einige zentrale Gedanken der folgenden Kapitel, die einige Aspekte der Arbeit meiner Forschungsstelle Nachhaltigkeit und Klimapolitik, seit ich vor 20 Jahren über die Bedingungen gesellschaftlichen Wandels zu promovieren begann, für ein breiteres Publikum zusammenfassen.[1] Diesmal ist allerdings nicht Nachhaltigkeit das zentrale Thema, also das Ideal dauerhaft und global durchhaltbarer Lebens- und Wirtschaftsweisen. Es geht vielmehr um die normative – politisch-rechtlich verfasste und ethisch unterfütterte – Grundordnung der Gesellschaft, die wir als liberale Demokratie kennen. Und es geht um die faktischen Voraussetzungen ihres längerfristigen Erhalts. Die Fundamente dieser Überlegungen habe ich allerdings in den Jahren seit 1997 breit entwickelt, ausgehend von einer umfassenden Befassung mit Bedingungen sozialen Wandels, Gerechtigkeitsprinzipien und Politikinstrumenten. Das kann hier genutzt und weiter vertieft werden. Teilweise helfen gerade Beispiele aus der Nachhaltigkeits-, Wachstums- und Klimadiskussion dabei zu zeigen, wie sich auch in einem scheinbar intellektuellen Umfeld fernab von (insbesondere Rechts-)Populismen die einfachen Wahrheiten tummeln. Verzichten werde ich dagegen darauf, die tausendste Philippika über die vielen obskuren, mitunter fast kabarettreifen Begebenheiten rund um Personen wie Trump, Erdoğan oder auch Orbán, Kaczyński oder Putin zu liefern.

Mit einem solchen Blick auf die offene Gesellschaft und ihre gerade nicht nur populistisch bedrohte Basis mache ich mich potentiell unbeliebt. Zunächst natürlich bei denen, die jene Gesellschaftsform ohnehin überwinden wollen. Aber auch bei denen, die sich auf der Seite der freiheitlichen, diskursiven, pluralistischen, neuerdings oft auch als »offen« bezeichneten Gesellschaft sehen. Und dabei zu wenig in den Blick nehmen, dass nicht allein Populisten und ihre Wähler, sondern in gewisser Weise wir alle Teil des Problems sind. Man könnte auch sagen: Ich lege mich mit unser aller menschlicher Neigung zu Gruppendenken und Gruppengefühlen – wir gegen die da – an. Ich bin selbst gespannt, was man damit auslösen kann, hier einen Schritt in eine neue Denkrichtung zu wagen.

Der Gegenstand bringt es mit sich, dass es im Folgenden programmatisch auch um das Vermeiden einfacher Wahrheiten gehen muss. Eindimensionale Analysen und vorschnelle Lösungen werde ich nicht offerieren. Diese Komplexitätssteigerungsübung muss man aushalten, wenn man sich auf den Kampf gegen die einfachen Wahrheiten einlässt, auch wenn dabei ganz grundlegende Fragen nach Wahrheit, Gerechtigkeit, Vernunft und den Triebkräften menschlichen Handelns auf die Tagesordnung kommen.

I.
Einfache Wahrheiten – auf dem Vormarsch?

1. Ein Gespenst geht um (nicht nur) in Europa

Niemand hat es so recht kommen sehen. In einer immer komplexeren Welt scheint das Versprechen einer Rückkehr zu einer angenehmen Einfachheit aktuell einen immer stärker anschwellenden Zulauf zu finden. Einfache Analysen, klare Sündenböcke, simple Lösungen sind gefragt, populistische Kräfte sind scheinbar unaufhaltsam auf dem Vormarsch. Ursächlich komplexe Phänomene wie Arbeitslosigkeit, Betriebsverlagerungen ins Ausland oder Migrationsbewegungen bilden dabei die Folie, für die entschlossene politische Kräfte scheinbar einfache Erklärungen und einfache Auswege anzubieten haben. Stopp der Migration notfalls durch Mauerbau und totale Einreiseverbote, Schluss mit dem Freihandel, Schluss mit der angeblichen Förderung des Terrors durch allzu frei agierende Medien – so einfach scheint es zu sein. Mitunter steigert sich dies zu regelrechten Verschwörungstheorien. Dann ist im Kampf für Migrationsstopp oder Euro-Ausstieg oder einfach um die politische Macht plötzlich jeder Gegner ein Terrorist, ein Volksfeind oder Angehöriger irgendeiner dunklen Macht, die Schaden anrichten möchte. Jene häufig mit Vorstellungen vom starken Mann verbundenen Sichtweisen werden gerne auch als Populismus und insbesondere Rechtspopulismus bezeichnet.[1]

In alledem scheint ein aktueller, viele Staaten erfassender Trend hin eben zu einfachen Wahrheiten sichtbar, dem eine wachsende Zahl von Bürgern und Politikern anheimfallen. Sogenannte Modernisierungs- und Globalisierungsverlierer, so die verbreitete Überzeugung, sind die Übeltäter, die populistische Bewegungen an die Macht bringen. Sie ließen sich, so geht die Geschichte, von der Hau-drauf-Rhetorik und den Verschwörungstheorien der Populisten mitreißen, ohne die Folgen zu bedenken. So scheint sich in mehr und mehr westlich geprägten Staaten die Entwicklung rückwärts zu bewegen und insbesondere die liberale Demokratie mehr und mehr prekär zu werden. Die Kooperation freiheitlicher Staaten, Minderheitenschutz, Offenheit für Migranten, freie Presse, ja, teils selbst freie Wahlen scheinen keine Selbstverständlichkeit mehr zu sein – und geraten zunehmend unter Druck. Es gibt vorgeblich wieder einfache Kausalitäten und klar zu benennende Schuldige, die zupackende Männer in ihre Schranken weisen müssen, dann wird alles wieder gut.

Ob es dabei um Terrorismus, Migration, Eurokrise oder Klimawandel geht: Die in diesem Stil präsentierten Ansichten und Lösungen sind oftmals nicht nur erschreckend simpel gestrickt. Man kann gar den Eindruck gewinnen, dass das Konzept der Wahrheit als solches zur Disposition steht. Begriffe wie Fake News, die im politischen Diskurs zunehmend wechselseitig als Vorwürfe gebraucht werden, oder gar das Reden von alternativen Fakten (kreiert von der Trump-Beraterin Kellyanne Conway), so als könnten einfach mehrere Wahrheiten parallel zueinander existieren, bringen das eindrucksvoll auf den Punkt.

Die beschriebenen Tendenzen gegenwärtiger Politik lassen sich nicht ernstlich leugnen. Doch sind sie wirklich neu – und sind sie wirklich auf Populisten beschränkt? Demagogische Politik oder Kontroversen um Wahrheit sind, so fällt bereits auf den ersten Blick auf, ja nichts, was der bisherigen Menschheitsgeschichte fremd wäre. Zeitphänomene wie Digitalisierung, Globalisierung oder eine gewandelte Medienlandschaft mögen aktuell verstärkend wirken, doch multiplizieren sie womöglich einfach eine menschliche Grundkonstellation? Letzteres hätte freilich große Auswirkungen. Geht es mit einfachen Wahrheiten um ein allgemeinmenschliches Phänomen, wären politische Strömungen wie der gegenwärtige Populismus politisch eher als Regelfall und eine dauerhafte, ernst gemeinte Demokratie eher als prekäre Ausnahme zu erwarten oder vielmehr zu befürchten. Ob ein angeblicher Trend zu immer mehr Demokratien weltweit solche Befürchtungen hinfällig macht, werden wir kritisch zu prüfen haben (Kapitel 12).

Tragen wir vielleicht alle latent die Neigung zu vereinfachten, verzerrten und bequemen Weltsichten in uns – und nicht nur die imaginären verblödeten Massen, die Erdoğan, Orbán und Le Pen wählen? Also auch »Weltverbesserer« mit ihren intellektuell elaborierten Diskursen über diese und jene gesellschaftliche Problemlage? Wenn man das überprüfen will, muss man die Erklärungskraft aktueller Entwicklungen wie der Globalisierung für das Phänomen Populismus kritisch prüfen. Und man muss andere, nicht populistisch geprägte Diskurse als Vergleich dafür heranziehen, ob diese wohl weniger von einfachen Wahrheiten geprägt sind – oder eben nicht. Ferner muss man verhaltenswissenschaftlich untersuchen, ob die Neigung zu den einfachen Wahrheiten eher ein zeitbedingtes Konstrukt benachteiligter Kreise ist – oder ob es sich in wesentlichen Hinsichten um ein allgemeinmenschliches Phänomen handelt, wenn man die menschlichen Verhaltensantriebe umfassend unter die Lupe nimmt.

Darauf aufbauend werden wir dann fragen können, was all das für die Zukunft der offenen Gesellschaft bedeutet. Können wir mit einfachen Wahrheiten die Probleme einer globalisierten Welt lösen? Und wenn wir Uneindeutigkeit und Komplexität nicht aushalten, hat die Demokratie dann dauerhaft überhaupt eine Chance? Dieses Buch lotet aus, ob und mit welchen Mitteln wir Vernunft und Demokratie langfristig fördern und bewahren können – oder ob sie in der Gefahr stehen, eine historisch seltene Ausnahmeerscheinung zu bleiben.

2. Einfache Wahrheiten – allein Folge von Populismus in Zeiten von Globalisierung, Digitalisierung, Automatisierung?

Das Hereinbrechen konfrontativer, stark vereinfachender, eben populistisch genannter Politikstile in den letzten Jahren kam in den liberalen Demokratien für viele unerwartet. In großer Linie betrachtet geht es den westlichen Staaten wirtschaftlich in der Summe seit dem Zweiten Weltkrieg schrittweise immer besser, und zwar in einem menschheitsgeschichtlich bis dahin ungekannten Ausmaß. Selbst wenn davon nicht jeder gleichermaßen profitiert, ist auch für weniger Begünstigte sozialstaatlich – vereinfacht gesprochen – sehr oft durchaus gesorgt. Und von den politischen Kontroversen her dachte man nach dem Zusammenbruch des Ostblocks 1990 gar, man sei am Ende der Geschichte angekommen. Parteipolitische Gegensätze etwa zwischen Sozialdemokraten und Konservativen erodieren in den meisten Demokratien zunehmend. Der Grad der gewollten Einflussnahme auf die Wirtschaft kann zwischen den politischen Akteuren noch streitig sein, aber er ermöglicht keine klare Rechts-Links-Scheidung mehr. Rhetorisch kommen mitunter noch die einen übers Soziale, die anderen übers Christliche, aber das bedeutet nicht unbedingt inhaltliche Unterschiede. Sicherheit wollen alle, gegen sozialen Abstieg, Arbeitsplatzverlust, gegen Kriminalität, Terror, hohe Mieten oder die Folgen der Globalisierung.

Unter dem Label Populismus wird nun aber scheinbar das schläfrig-konsensual wirkende politische Spektrum von den Rändern her aufgemischt.[2] Scheinbar genau dadurch kommt eine verstärkte Neigung zu einfachen Wahrheiten im beschriebenen Sinne in die Welt – vorgeblich leicht erklärbar durch jene Faktoren, die die aktuelle politische Lage prägen. Und in der Tat: Dass jedenfalls teilweise aktuelle Faktoren ein populistisches Streben nach einfachen Wahrheiten begünstigen, erscheint trotz aller nötigen Differenzierungen plausibel, wie wir im Folgenden sehen werden.

Populismus als Begriff verlangt zunächst nach einer Definition, da heute oft mehr oder minder alles als Populismus bezeichnet wird. Die relative Diffusität ist dabei wohl mitursächlich für die Beliebtheit des Begriffs, wie es von anderen vagen Begriffen wie Nachhaltigkeit oder Gemeinwohl schon lange geläufig ist. Mit Populismus gemeint ist eine Vorstellungswelt, nach der sich die Gesellschaft angeblich in homogene, gegnerische Gruppen aufteilt, typischerweise das »authentische Volk« und »die korrupte Elite« – wobei dem entmachteten Volk vorgeblich die Macht durch einfache, klare Maßnahmen zurückgegeben werden soll. Dabei präsentieren sich die populistischen Führer von im Detail unterschiedlicher Ausprägung von Trump über Putin, Erdoğan, Kaczyński oder Le Pen als Stimme des Volkes, die die Elite endlich einmal in ihre Schranken weisen werden.

Populismus bezeichnet ein mehrfaches Verwerfungspotential, wobei auch Fragen adressiert werden, die sich unzweifelhaft stellen, zum Beispiel danach, wie Volkssouveränität in der Demokratie tatsächlich realisiert werden kann. Nicht von ungefähr versammeln sich Empörte unter seinem Banner, die auf ominöse Mächte im Dunklen, auf die »da oben« und »da draußen« verweisen – auf Schuldige in den verschworenen Zirkeln von Lobbys oder Lügenkartellen, in Brüssel oder in der Presse. Dabei sollte man den »Populismus« wohl für politische Bündnisse reservieren, die offensiv, eindeutig und umfassend auf einfache Analysen und Lösungen setzen und damit Aggressionen und Ressentiments zum Ausdruck bringen. Populismus ist dabei nicht automatisch politisch rechts. Wie man in Lateinamerika oder Griechenland, aber auch anhand einiger Parteien in anderen Staaten beobachten kann, lässt sich das beschriebene Politikmuster auch mit linken Inhalten füllen. Es kann zudem ideologisch gemeint sein oder einfach pragmatisch eine Strategie darstellen, um Aufmerksamkeit zu erlangen. Was von beidem etwa auf Donald Trump zutrifft, könnte man kontrovers diskutieren. Und für Ahnherren aktueller Populismen in Europa wie Jörg Haider oder Silvio Berlusconi ebenso.

Es gibt eine Vielzahl aktueller Entwicklungen, die den aktuellen scheinbaren Siegeszug von Populismus und einfachen Wahrheiten möglicherweise (mit) erklären können. Wir betrachten diese jetzt kurz nacheinander. So lässt sich überprüfen, wie plausibel die These ist, dass eine Neigung zu einfachen Wahrheiten gerade im Kontext aktueller Entwicklungen als sozusagen neue Tendenz entstanden ist.

Unmittelbar naheliegend wird ein populistischer Trend zu einfachen Wahrheiten zunächst mit allseits zugestandenen Problemen verbunden, die demokratischen Institutionen anhaltend mit Leben zu erfüllen. Schwindende Mitgliedschaft in Parteien und Verbänden, Entpolitisierung, Globalisierung – die wegen der auch ökonomisch-sozialen Effekte im folgenden Abschnitt gesondert betrachtet wird –, »Konzernmacht«, »degenerierte Eliten«, »Fassaden- oder Postdemokratie« sind Stichworte für verbreitete Empfindungen, dass sich viele Bürger politisch nicht oder nicht mehr ausreichend repräsentiert fühlen. Wirtschaft und Technik werden scheinbar immer komplexer, und zugleich wirkt Politik für viele zunehmend wie ein Klein-Klein, in dem Politiker ihre arbiträren Statements gegenseitig kommentieren, statt an großen Lösungsentwürfen zu arbeiten. Konflikte werden in dieser Sicht nur noch wegmoderiert, echte politische Programmarbeit wird kaum noch geleistet. Mancher meint auch, dass sogenannte Identitätspolitik zunehmend wirkliche wirtschafts-, sozial- oder friedenspolitische Probleme überlagert – also Fragen etwa der Homo-Ehe oder der Gleichstellung von Mann und Frau, was in einigen Kreisen den Politikverdruss nur noch weiter steigere.

An dieser Stelle ist – wie im gesamten Buch – nur bedingt entscheidend, ob dieser etwas grobstrichig entworfene Befund so zugespitzt tatsächlich zutrifft. Bestimmte Kreise junger Leute etwa zeigen sich weiterhin politisch interessiert, allerdings nicht mehr innerhalb klassischer Partei- und Verbandsstrukturen. Gleichwohl scheint der Befund das Lebensgefühl erheblicher Bevölkerungsgruppen wiederzugeben. Ursächlich dafür könnte auch eine gesteigerte Erwartungshaltung sein. Wie immer finden Entwicklungen ja nicht nur objektiv statt, sondern hängen in ihrer Wahrnehmung maßgeblich davon ab, was sich Menschen erhoffen. Und an dieser Stelle drängt sich durchaus der Eindruck auf, dass bestimmte letztlich keineswegs neue Vorgänge hier als vermeintlich neu debattiert werden. Schon für die oft im Nachgang als golden wahrgenommenen 1970er Jahre in westlichen Demokratien erscheint nur bedingt plausibel, dass Politiker und politische Mitbestimmungsmöglichkeiten damals von grundsätzlich anderer Art waren als heute. Erst recht ist menschheitsgeschichtlich ein vermeintlicher Trend weg von der Demokratie in dieser Eindeutigkeit nicht zu zeigen. Vielmehr sind generell demokratische Herrschaftsformen historisch die absolute Ausnahme (dieser Umstand wird im vorliegenden Buch noch eine größere Rolle spielen). Zudem gibt es aktuell auch klar gegenläufige Entwicklungen. So mögen zwar die ausgehöhlten Demokratien gerade vielerorts ins Auge stechen. Gleichzeitig nimmt indes die Zahl »offizieller« Diktaturen, die wie China selbst auf den Anschein freier Wahlen verzichten, sichtbar ab. Und Entwicklungen wie die zunehmende Geschlechter-Gleichberechtigung machen deutlich, dass es keinesfalls per se einen reaktionären Trend in unseren Tagen gibt.

Besonders stark wird ein angeblich populistischer Trend zu einfachen Wahrheiten neben dem angenommenen Verfall demokratischer Institutionen mit der Digitalisierung der letzten 20 Jahre in Verbindung gebracht – und mit der rasanten Ausbreitung der sozialen Medien. Dass Facebook & Co. die blitzartige Verbreitung sehr eigenwilliger und ungeprüfter Ansichten erleichtern, liegt auf der Hand. Freilich ließe sich hier auch die umgekehrte Geschichte erzählen. Das Internet ermöglicht es sehr vielen Stimmen, sich politisch Gehör zu verschaffen, ohne auf einige ausgewählte Journalisten oder eine große eigene Bekanntheit angewiesen zu sein. Damit könnte man die moderne digitale Entwicklung auch gerade als Garant liberal-demokratischer Gesellschaften erleben – der zwischenzeitlich gefeierte Arabische Frühling lässt grüßen. Ist die Digitalisierung damit also demokratisch ambivalent, kommt man unvermeidlich zu der Frage, ob es wirklich das Internet ist, das den Trend zu einfachen Wahrheiten bis hin zu Verschwörungstheorien auslöst. Sicherlich haben soziale Medien das Potential hierzu, doch müssen sie dazu auch auf einen Akteur, nämlich den Menschen, treffen, der Verschwörungstheorien etwas abgewinnen kann, der zu Filterbubbles neigt und bestimmte Dinge eben nicht so gerne und andere dafür umso lieber hören möchte.

Das Internet kann ein solches Denken bestärken, es kann es durch seine Pluralität umgekehrt aber auch gerade erschweren. Früher, als die meisten Menschen auf dem Dorf oder in kleinen Städten lebten, haben wenige Männer das kontrolliert, was an Informationen zugänglich war: der Lehrer, der Bibliothekar, der Priester. Auch dass über mediale Wege mitunter Sündenböcke auserkoren werden, ist nicht neu, sondern war schon zu Zeiten des ersten Medienhochs in den Kontroversen um die Reformation im 16. Jahrhundert so. Und Desinformations-Kampagnen interessierter Mächtiger gab es zu allen Zeiten der Menschheitsgeschichte – sie sind heute leichter zu organisieren, aber gleichzeitig sind sie auch leichter zu überprüfen. Dass alte Intellektuelle wie Jürgen Habermas oder selbst fleißige Twitterer nur noch kleine Teile der Öffentlichkeit erreichen, kann man als Problem, aber auch als begrüßenswertes Zeichen von Pluralität und demokratischer Kontrolle erleben. Dass überall auf der Welt zugleich Populismen entstehen oder erstarken, von den Philippinen über die USA bis nach Ungarn und Russland, muss irgendwie auch in den zeitgleich ablaufenden technischen Umwälzungen begründet sein, nur sind die Zusammenhänge vielfältiger, als es sich eine einseitige Fixierung auf die neuen Medien ausmalen könnte.

Jede Epoche muss mit ihren Medien umzugehen lernen. Der Buchdruck beförderte im 16. Jahrhundert den Protestantismus – denn ohne Buchdruck wäre die Forderung, dass jeder selbst seine Bibel liest und seine Zwiesprache mit Gott persönlich hält, nicht denkbar gewesen. Der Buchdruck brachte auch die Philologie – und damit den Zweifel, ob die Bibel tatsächlich Gottes Wort sei und nicht eher ein reichlich wirres Textkonvolut, das nur die Aufklärung entziffern kann. Er brachte protestantische und antiprotestantische Polemiken, und zugleich brachte er ganz neue Möglichkeiten, sich selbst eine begründete Meinung zu bilden. Natürlich brachte der Buchdruck auch den »Hexenhammer«, die Anleitung zur Hexenverfolgung, einen der ersten Bestseller der modernen Mediengeschichte.

Ein weiterer Faktor spricht dagegen, vorschnell eine aktuelle Entwicklung mit einer klaren Richtung auszumachen. Es wird dadurch potentiell ein übermäßig einheitliches Bild aktueller Entwicklungen gezeichnet, und deren Vielschichtigkeit und historische Relativität gerät aus dem Blick. Vielen gefällt beispielsweise auch jenseits der Erklärung des Phänomens Populismus die Idee, dass im Weltgeschehen alles immer besser oder immer schlechter wird. Vermeintlich zwangsläufig vollzieht sich etwa bei Marx die gesellschaftliche Entwicklung erst hin zum Kapitalismus und später dann irgendwann zur klassenlosen Gesellschaft. Ebenfalls in einer solchen geschichtsphilosophischen Denkweise bewegt sich die klassische Erzählung vom immer weiter voranschreitenden gesellschaftlichen und technischen

Fortschritt. Umgekehrt haben seit der Antike und seit Platon und Heraklit auch Verfallstheorien unter Intellektuellen Konjunktur. Der gesellschaftliche Prozess, wenn man ihn nur ausreichend kritisch betrachtet, erscheint dann als Prozess geistiger Degeneration. In letztere Gruppe lassen sich mindestens unterschwellig einige kritische Diagnosen zur heutigen Zeit einordnen. Diese können zum Beispiel mit Anknüpfungen an Oswald Spengler durchaus rechtspopulistisch grundiert sein, müssen es aber nicht.

Letztlich sind Aussagen wie die, dass die Dinge – was immer damit gemeint ist – immer besser oder immer schlechter werden, viel zu allgemein, um sinnvoll überprüft werden zu können. Entgegen Marx' Intention taugen solche Sichtweisen daher allenfalls als persönliches Glaubensbekenntnis, nicht aber für präzise – am Leitbild der vermeintlich immer exakten Naturwissenschaften ausgerichteten – Analysen zum gesellschaftlichen Wandel. Das gilt auch dann noch, wenn man eher einen milden, entwicklungsoffenen Fortschrittsoptimismus anschlägt wie Kant. Oder wenn man wie Hegel ein wundervolles Gemälde malt, das die rätselhaften Wendungen der Historie in das eigenartige Bild eines Weltgeistes kleidet, der mit objektiver Notwendigkeit, nur eben von den Zeitgenossen meist unverstanden, seine Kreise zieht. Wobei meine Kritik nicht heißt, dass an Kants und Hegels Perspektiven nichts dran wäre. Zu einer seriösen Theorie gesellschaftlicher oder menschlich-historischer Entwicklung verdichten lässt sich das aber kaum. Also ist Vorsicht geboten gegenüber allen, die relativ umfassend in unserer Zeit den Verfall am Werke sehen. Vielmehr droht genau eine solche Sicht selbst eine einfache Wahrheit zu sein. Und zwar eine, der nicht nur Populisten, sondern auf ihre eigene Weise auch deren Kritiker anhängen können.

Wenn aktuelle Entwicklungen nur begrenzt einflussreich sind und manches nach einer bloßen Verfallstheorie aussieht, sind also die gegenwärtigen politischen Entwicklungen vielleicht gar nicht so speziell. Das gilt dann auch für Tendenzen, die sich in zunehmend populistisch geprägten Ländern beobachten lassen. Proteste gegen populistische Strömungen und Regierungen werden sich womöglich nur begrenzte Zeit organisieren lassen, weil nach und nach das Interesse schwindet und die Ohnmacht einsetzt. Die Medien werden sich dem Weichen und Bunten zuwenden, das bedeutet weniger Ärger. Politiker, die zunächst Widerstand geschworen hatten, werden merken, dass das Leben leichter ist, wenn sie sich einreihen. Konzerne werden Aufträge erhalten, wenn sie sich einreihen. Viele Menschen werden reich und befördert werden, wenn sie sich einreihen, und wenn sie das nicht tun, werden sie sehen, wie andere es tun. So formen sich Autokratien, nicht mit Gewalt, sondern durch einen langsamen, demoralisierenden Prozess von Korruption und Betrug. Das ist aber nicht spezifisch für etwa Trump-Amerika. Es ist vielmehr das, was man in der Menschheitsgeschichte auch sonst immer wieder gesehen hat, beispielsweise bei der Machtübernahme von Napoleon I. 1799 und von Napoleon III. 1851 in Frankreich.

3. Globalisierung und Pluralisierung – unterwegs in eine komplexere und unsicherere Welt?

Allerdings gibt es neben allgemeiner politischer Verunsicherung und Digitalisierung weitere aktuelle Entwicklungen, die scheinbar doch wieder einfache Wahrheiten als vorgeblich rein aktuelles Phänomen versinnbildlichen. Jene Entwicklungen machen jeweils das moderne Leben immer komplexer und reduzieren den Grad an insbesondere wirtschaftlicher und sozialer Sicherheit. Von einer solchen Tendenz, so sie denn besteht, kann man bereits ohne große verhaltenswissenschaftliche Analyse durchaus plausibel annehmen, dass sie einige verunsichern und bei ihnen einen Wunsch nach scheinbar gradlinigen, eben einfachen, Erklärungen und Lösungen wecken wird.

Insbesondere gemeint ist die Globalisierung einschließlich mitunter krisenhafter Zuspitzungen wie der Eurokrise. Die Globalisierung als eine bestimmende politisch-wirtschaftliche Grundtendenz unserer Zeit bezeichnet im Kern ein System des weltweiten Freihandels, wenngleich sie nicht auf wirtschaftliche Vorgänge beschränkt ist, sondern zum Beispiel auch die kulturelle Pluralisierung und weitere Entwicklungen wie das zunehmende globale Verhandeln von Umweltproblemen bezeichnen kann.[3] Die ökonomische Globalisierung hat zwar im Transportkosten- und Informationstechnologiebereich auch technische Ursachen. Im Kern entsteht sie jedoch nicht naturwüchsig, sondern durch politische Entscheidungen für den Freihandel. Die EU war hier nach dem Zweiten Weltkrieg der Vorreiter. Spätestens mit der Gründung der WTO, der Welthandelsorganisation der Nationalstaaten, ist sodann auch international ein komplexes Geflecht globaler und bilateraler Liberalisierungsabkommen entstanden, deren gemeinsame Intention ein möglichst freier Welthandel mit Produkten und Dienstleistungen ist. Die heutige WTO als das institutionelle Gerüst zahlreicher internationaler Wirtschafts- und Handelsverträge gründete sich im Jahr 1994 nach langjährigen Verhandlungen. Im Kern handelt es sich also um einige multilaterale Abkommen von drei Vierteln der Staaten der Welt, ergänzt durch eine große Vielzahl bi- und plurilateraler Verträge. Vorläufervereinbarungen bestanden seit 1947. Anders als sonst meist bei völkerrechtlichen Vertragswerken ist die WTO formal mit Ministerkonferenz, Allgemeinem Rat, Sekretariat und gerichtsartigen Streitbeilegungsorganen stark institutionalisiert unter Einschluss von Gewaltenteilungsansätzen, wobei sogar ein relativ förmliches Rechtsetzungsverfahren und Mehrheitsentscheidungen vorgesehen sind.[4]

Vorreiter der Globalisierung, auch und gerade in wirtschaftlicher Hinsicht, war die sukzessive Entstehung der Europäischen Union in den letzten 60 Jahren. Sie ermöglicht im Großteil Europas ein Maß an wirtschaftlicher Integration mit beispielsweise vollständiger Zollfreiheit, die über die WTO noch erheblich hinausgeht. Gleichzeitig sind auch die Institutionen und die Regelung auch nicht-wirtschaftlicher Materien in der EU ungleich weiter vorangeschritten als global im Rahmen der WTO – so sehr, dass die EU beinahe staatsähnliche Formen angenommen hat.

Der Freihandel – europäisch oder global – birgt im Wege der internationalen Arbeitsteilung erhebliche Chancen für eine globale Wohlstandssicherung, ebenso wie für einen sanften Export von Freiheit und Demokratie.[5] Er führt damit ein Wechselverhältnis fort, was sehr oft in den letzten

Jahrhunderten auch zwischen Kapitalismus generell und liberaler Demokratie bestand. Denn Kapitalismus braucht Rechtssicherheit, freie Ideen und Innovationen und verknüpft sich deshalb gern mit freiheitlichen Ordnungen, ebenso wie Markt und Wettbewerb gut zu freiheitlich-demokratischen Grundprinzipien passen. Freilich wird der freie Wettbewerb respektive Freihandel oft klarer Rahmensetzungen bedürfen, um beispielsweise ökologisch und sozial nicht sehr negative Begleiterscheinungen auszulösen. Dies gilt umso mehr, als der Zusammenhang zwischen Kapitalismus, Freiheit und Demokratie bei aller Affinität keineswegs ein zwangsläufiger ist, wie diverse schwankende Entwicklungen der letzten Jahrzehnte zeigen.[6]

Die größte Herausforderung ist die folgende: Da niedrigere Steuer-, Sozial- und Umweltstandards in der Regel niedrigere Produktionskosten und damit Wettbewerbsvorteile bedeuten, haben Staaten durch den Freihandel, selbst wenn sie grundsätzlich die Einsicht in die nötige Regulierung freier Märkte befolgen wollten, potentiell das Problem, dass sie unter jenem Freihandelsdruck genau jene Gestaltungsoption verlieren. Das Ergebnis ist ein globales Streben nach niedrigeren Kostenbelastungen für die Unternehmen im Steuer-, Sozial- und Umweltbereich. Und es setzen die WTO-Regeln (und die globalen Kapitalmarktregeln) auf ein möglichst »freies Spiel der Kräfte« zwischen Staaten als »Standorten« im Sinne eines weltweiten Wettbewerbs um Unternehmensansiedlungen und Kapital. Das begünstigt rechtlich den befürchteten Dumpingwettlauf der Staaten um (vordergründig) kostengünstige Produktionsbedingungen in Gestalt von niedrigen Unternehmenssteuern, Sozial- und Umweltstandards sowie wenig Kapitalmarktbeschränkungen noch.[7] Denn damit werden nationale Umweltschutzmaßnahmen zum Beispiel nicht nur faktisch durch die Konkurrenz erschwert, sondern oft regelrecht verboten. Mit alledem entsteht nicht nur Druck auf die Sozialsysteme und den Arbeitsmarkt, weil die Arbeitgeberseite mit Abwanderung droht und damit nicht nur die Politik, sondern auch die Gewerkschaften und allgemein die Belegschaft unter Druck setzen kann. Das Leben wird damit tendenziell fordernder, unübersichtlicher und unsicherer. Was just den Drang nach einfachen Wahrheiten – und endlich wieder nach mehr nationaler Kontrolle – auslösen könnte.

Fast mehr als die so umrissene Globalisierung könnten technologische Entwicklungen den Boden für die Populismen bereitet haben: durch Automatisierung und Rationalisierung, die immer mehr Arbeitskräfte überflüssig machen. Für Heere von Fernfahrern und Kassiererinnen verkürzen sich die Perspektiven. Zudem stehen wir heute vor einer neuen Stufe der Automatisierung, da Computer und Roboter zunehmend auch in der Lage sein werden, gehobene Dienstleistungen wie etwa Steuerberatung zu erledigen. Langfristig steht damit die heutige Arbeitsgesellschaft in Frage.

Auch für all das liegt wieder nahe, dass es essentiell mit dem aufkommenden Populismus verknüpft ist. Das gilt, auch wenn die fatalste Seite der Globalisierung, nämlich dass sie in globaler Perspektive den Armen teilweise wenig oder nichts nützt und zudem langfristig betrachtet die ökologischen Lebensgrundlagen in der Wachstumslogik massiv gefährdet werden, von vielen verdrängt wird. Doch beweist das Gesagte, dass Neigungen zu einfachen Wahrheiten erst durch Globalisierung und Automatisierung entstehen? Wohl kaum, denn dafür ist die Wirkung jener Prozesse zu ambivalent. Wie für den Kapitalismus allgemein, so kann auch für den globalen Freihandel wie gesagt diagnostiziert werden, dass er bis dato für die Bewohner westlicher Staaten in der Summe von Vorteil war, besonders in wirtschaftlich-sozialer Hinsicht. Es sind viele Arbeitsplätze im Export entstanden, und durch den wachsenden Gesamtwohlstand konnten auch Globalisierungsverlierer aus einfachen Fertigungstätigkeiten durch eine sukzessive Stärkung der Sozialsysteme finanziell entschädigt werden. Und die Automatisierung ist heute bei weitem noch nicht so weit fortgeschritten, wie sie dies vielleicht später wirklich sein mag. Besonders deutlich sichtbar ist das innerhalb der EU.

Erst für die Zukunft, mit immer mehr konkurrenzfähigen Ländern im globalen Süden, stellt die Entwicklung jedoch möglicherweise die gewachsene Sozialstaatlichkeit und mehr noch die Klima- und Ressourcenpolitik, so ihre globale Verankerung nicht gelingen sollte, vor gravierende Probleme. Dies betrifft nicht allein den mehrfach konstatierten steigenden persönlichen Druck auf die Menschen. Konnten die Nationalstaaten im 20. Jahrhundert durch soziale Ausgleichsmaßnahmen den Kapitalismus für die breiten Massen lebenswert machen, so könnte ihnen dieser Weg nunmehr durch einen drohenden globalen Wettlauf um die »preisgünstigsten« Standards verstellt sein. Und eine globale (Sozial-)Politikebene gibt es bisher nicht, selbst auf EU-Ebene gibt es sie kaum, anders als teilweise in der Umweltpolitik. Noch ist die wirkliche Dramatisierung dieser Situation aber eben nur bedingt gegeben. Und Diagnosen wie die, dass ein beschleunigtes – nicht nur durch die Globalisierung und Digitalisierung bedingtes – modernes Leben den Großteil der Menschen überfordere, dürften zu pauschal sein. Vielmehr verbindet sich die moderne Existenz auch mit Entfaltungsmöglichkeiten, die es menschheitsgeschichtlich so noch nie gab. Und eine fortschreitende Automatisierung bedroht zwar die Arbeitsgesellschaft und wirft grundlegende Fragen danach auf, wodurch für viele Menschen künftig noch der Tag strukturiert werden wird. Doch umgekehrt könnte weniger Arbeit durchaus auch positive Seiten haben – und bei der ganz großen Verwerfung sind wir eben noch gar nicht angekommen.

Eng verwoben mit der Globalisierung, allerdings bereits in langen Zeitschlaufen seit der Reformation ablaufend, gibt es ferner im Westen eine zunehmende Pluralisierung der Gesellschaft. Schleichend und doch unaufhaltsam löst sich die einstige Homogenität menschlichen Zusammenlebens immer mehr auf, was ebenfalls das Leben unübersichtlicher und komplizierter erscheinen lassen und damit einen Drang zu einfachen Wahrheiten begünstigen kann. Das betrifft so unterschiedliche Dinge wie den persönlichen Lebensstil, die Relativierung gesellschaftlicher Schichten, die Religionsausübung, das Geschlechterverhältnis, die Einstellung zur Sexualität oder – mit alledem verknüpft – scheinbar banale Aspekte wie die Kleidersitten. Bereits ein kurzer Blick auf Facebook verrät, dass Pluralisierung und Digitalisierung zudem in einem engen Wechselverhältnis stehen. Freilich vollzieht sich der Kampf um Pluralismus, offene Gesellschaft und ähnliche Topoi eher in Wellenbewegungen; bereits Faschismus und Kommunismus konnten durchaus als Gegenbewegung zur Offenheit der liberalen Moderne und als Versuch, wieder »klare« Antworten zu geben, verstanden werden. Auch jenseits totalitärer Regime hat man es in Gesellschaften immer wieder mit liberaleren und dann wieder weniger liberalen Phasen zu tun. Insofern drängt sich erneut der Eindruck auf, dass ein aktueller populistischer

Drang zu einfachen Wahrheiten nicht allein – salopp gesagt – auf Männer zurückgeführt werden kann, die sich an Frauenbewegung und Homo-Ehe stören und deshalb explizite Machos wie Erdoğan, Putin oder Trump goutieren. Abgesehen davon haben sie nicht nur männliche Wähler.

Insofern verstärkt sich der Eindruck: Unsicherheit und Komplexität mögen in der modernen Welt technisch, wirtschaftlich und pluralistisch bedingt zunehmen – ein Befund, der sich trotz aller nötiger Differenzierungen schwer bestreiten lässt. Es unterliegt jedoch deutlichen Zweifeln, vereinfachende Zugänge und Wahrheiten als Reaktion auf Komplexität als rein aktuelles Phänomen zu sehen.

4. Wahrheit, einfache Wahrheiten, alternative Fakten – wovon ist überhaupt die Rede?

Es bestehen damit Zweifel, ob man den Drang zu einfachen Wahrheiten als rein zeitbedingtes Phänomen begreifen darf – oder ob man darin eine menschliche Universalie zu erblicken hat, mit möglicherweise ziemlich problematischen Folgen für die Zukunftschancen der offenen Gesellschaft. Wir werden das wie gesagt weiter betrachten, indem wir uns später den Diskurs in einigen nicht-populismusaffinen Politikfeldern anschauen – und indem wir verhaltenswissenschaftlich menschliche Neigungen im Umgang mit Komplexität studieren. Zuvor muss aber etwas genauer geklärt werden, was eigentlich mit einfachen Wahrheiten gemeint ist.

Dass darunter scheinbar einfache Diagnosen und Lösungsvorschläge verstanden werden können, die indes in Wirklichkeit in Relation zur realen Komplexität der Lage eben unterkomplex und dadurch schief oder falsch sind, wurde bereits deutlich. »Einfachheit« liegt nicht schon dann vor, wenn eine Analyse oder eine Lösung formuliert wird, die bei genauer Prüfung vielleicht hinterfragt werden kann. Sonst könnte man jedwede Äußerung als einfache Wahrheit denunzieren, die bei näherem Besehen kritische Rückfragen aufwirft. Doch kann die Stoßrichtung dieses Buches sinnvollerweise keine polemische sein. Das gilt umso mehr, wenn es wie angekündigt um ganz menschliche, alltägliche Zugänge zur Realität gehen soll, die für uns alle nur schwer zu vermeiden sind, selbst bei sehr starkem intellektuellem Hintergrund. Einfache Wahrheiten meinen vielmehr Zugänge, die offenkundig wichtige Aspekte übergehen und damit den Denkweg unzulässig abkürzen.

Die Grenzziehung zwischen in letzter Instanz nicht überzeugenden Ansichten und einfachen Wahrheiten weist natürlich Unschärfen auf. Dennoch bleibt der Begriff sinnvoll zur Kennzeichnung offensichtlicher Auslassungen und Verschiebungen in gedanklichen Ansätzen. Dass jene Sinnhaftigkeit nicht durch unscharfe Grenzziehungen per se hinfällig wird, lässt sich mit Hilfe des sogenannten Haufen-Paradox verdeutlichen, das seit der Antike bekannt ist. Zwar kann man nicht sagen, bei welchem Sandkorn die Grenze von Sandhaufen und Sandhäufchen verläuft – aber dennoch bleibt Haufen und Häufchen respektive Groß und Klein eine sinnvolle Unterscheidung. Allerdings stellt sich jenseits des damit angesprochenen Punktes, was »einfach« bedeutet, auch die Frage nach der »Wahrheit« selbst. Die vorgebliche Eindeutigkeit der Diagnosen und Lösungen schwingt sprachlich im Begriff der einfachen Wahrheiten bereits mit. Doch kann man überhaupt nach Wahrheit fragen?

Gerade in Zeiten des erstarkenden Populismus scheint sich Wahrheit zugunsten diverser Parallelwelten sukzessive zu verflüchtigen. Gerade wenn Politiker wie Trump, Erdoğan, Putin oder vorher schon der italienische Ministerpräsident Silvio Berlusconi irgendetwas sagen oder tun, wird dies von Fans und Gegnern teils wie in separaten Realitäten wahrgenommen. Die einen trauen ihnen alles zu, die anderen bestreiten rundheraus alles, was ihnen negativ ausgelegt werden könnte. Und nicht selten hat man den Eindruck, dass die Genannten mit jener scheinbaren Beliebigkeit von Wahrheit bewusst spielen. Zudem werfen sich politische Gegner heute, aber auch früher gegenseitig eine Verdrehung der Fakten vor – etwa in der Flüchtlings-Debatte zuletzt gut sichtbar in Deutschland geschehen. Letztlich ist aber oft schwer zu entscheiden, ob den Verwendern der einfachen Wahrheiten ihr allzu vereinfachender Charakter bewusst ist oder nicht. Werden einfache Wahrheiten bewusst eingesetzt, könnte man dann, wenn diese systematisch und mit großem Aufwand verbreitet werden, auch von Propaganda sprechen.

Vor diesem Hintergrund könnte man meinen, dass man über einfache Wahrheiten nicht groß zu reden braucht. Weil es nämlich gar keine Wahrheit gibt. Das würde dann die berühmten alternativen Fakten von Trumps Beraterin Kellyanne Conway auf die Spitze treiben. Es hätte einfach jeder seine ganz persönliche Wahrheit – oder wenigstens jede Gruppe ihre eigene Wahrheit. Der Begriff alternative Fakten meint hier nicht, dass jemand einfach ein Faktum durch Vorlage besserer Belege widerlegt, und Zweifel an der Wahrheit meinen auch nicht bloß, dass die Wahrheit oft schwer zu beweisen ist (zum Beispiel weil niemand beobachtet hat, ob nun Herr Meier oder jemand anderes die Frau Schmidt umgebracht hat). Das wäre trivial, auch wenn solche Beweisschwierigkeiten oft irrig als vermeintlicher Anhaltspunkt für die Inexistenz von Wahrheit angeführt werden. Zu sagen, es gäbe keine Wahrheit, meint vielmehr, dass es sie an sich nicht gibt. Der modische Begriff Fake News setzt dagegen voraus, dass es Wahrheit gibt; denn sonst könnte es auch keinen Fake geben.

Zumindest eines kann man klar sagen: Wahrheit ist eine schwierige und sehr umstrittene Kategorie. Dass die Kategorie Wahrheit wirklich ihrer kritischen Infragestellung standhält, wird später noch ausführlich diskutiert. Hier geht es zunächst um eine grobe Einordnung. Wahr ist, was objektiv der Fall ist – Wahrheit ist, wenn Aussage und Realität übereinstimmen. Wahrheit handelt im Wortsinne von Fakten, nicht von Normen, also nicht davon, wie Menschen sich verhalten sollen und welche Ordnung sich Gesellschaften geben sollen (und zum Beispiel auch nicht von im Wesentlichen nur subjektiv feststellbarer ästhetischer Schönheit). Aber können Fakten wirklich objektiv sein? Hat nicht einfach jeder seine eigene Wahrheit? Auf solche Fragen werden wir zurückkommen müssen. Um auf solche Fragen sinnvoll zurückkommen zu können, muss man aber zuerst realisieren, was mit Objektivität gemeint ist, wenn das Besondere an der Wahrheit doch anscheinend ihr objektives Zutreffen ist.

Objektiv meint hier »nicht subjektiv«, also nicht abhängig von bestimmten Perspektiven, kulturellen Hintergründen oder Einstellungen – also universal und überall gültig. Dabei stellt sich sowohl für Fakten als auch für Normen, also für Wertungen, die Frage, ob diese objektiv oder stets nur subjektiv sein können.[8] Subjektive Einschätzungen sind also das, was im Journalismus Meinung heißt. Wenn man klären will, was Wahrheit ist, muss man also Fakten und Normen unterscheiden, und man muss objektiv und subjektiv unterscheiden – und beides nicht miteinander verwechseln. Diese Scheidungen sind wegen ständiger Verwechslungen, auch bei Klassikern der Debatte wie Max Weber[9], alles andere als trivial.

Man kann also nicht nur bei Fakten fragen, ob sie objektiv sein können. Man kann die gleiche Frage auch für Normen stellen, und das werden wir später auch tun – und sehen, dass auch Normen nicht einfach beliebig sind. Und wir werden sehen, dass »einfache Wahrheiten« im Sinne zu einfacher Diagnosen und Lösungsansätze auch bezogen auf Normen bestehen. Nur so wird das Konzept vollständig. Denn was der wünschenswerte oder gesollte Zustand bei der Diagnose einer gesellschaftlichen Situation oder bei Lösungsvorschlägen ist – das ist eben jeweils eine Norm (man kann dazu auch Ziel sagen). Fakten betreffen dagegen die Frage, inwieweit diese Norm erfüllt ist. Oder die Frage, welche Mittel zur Erreichung wirksam sind. Ein Beispiel: Ob es einen Klimawandel tatsächlich gibt, ist eine Faktenfrage. Ob und welches Ausmaß des Klimawandels, auch in Abwägung mit anderen Zielen, schlimm wäre, ist dagegen eine normative Frage. Welche Mittel mehr Klimaschutz bewirken würden, ist wiederum eine Faktenfrage. In der Philosophie spricht man bei diesen drei Arten von Feststellungen – in dieser Reihenfolge – auch von theoretischer Vernunft, normativer Vernunft und instrumenteller Vernunft. Auf den Vernunft- oder Rationalitätsbegriff kommen wir ebenfalls noch näher zurück, auch wenn das für viele – nicht nur Populisten – erst einmal anstrengend klingen mag. Ein gesundes Maß an genauem Denken müssen wir uns hier und auch ansonsten beim vorliegenden Thema zumuten, soll »einfache Wahrheiten« nicht bloß ein inhaltsloser, polemischer Kampfbegriff sein, mit dem man im Zweifel alles belegt, was einem zufällig nicht passt.

II.
Einfache Wahrheiten: Wie sie auch jenseits populistischer Debatten allgegenwärtig sind

5. Energie- und Klimawende: Der etwas einfache Glaube an Öko-Helden, Technik und sozialen Fortschritt durch Wissen

In den folgenden vier Abschnitten wenden wir uns Beispielen nicht sonderlich populismustypischer Diskurse zu, um zu prüfen, inwieweit die Neigung zu einfachen Wahrheiten auch unabhängig vom Auftreten von Populisten beobachtet werden kann. Und damit den Eindruck einer menschlichen Universalie hinterlässt. Den Auftakt macht das Energie- und Klimathema, wobei ich mich zusammenfassend auf meine sehr ausführlichen Betrachtungen dazu andernorts beziehe.[1]

Hier wie auch im weiteren Verlauf geht es darum, allzu einfache Diagnosen und Lösungen in gängigen Argumentationen sichtbar zu machen. Nicht Ziel der Betrachtung ist es dabei, irgendjemanden persönlich an den Pranger zu stellen oder sich als Autor selbst als vermeintlich besonders großartig zu präsentieren. Es geht in diesem Buch darum, dass bestimmte Denkweisen unzureichend sind – und nicht darum, dass irgendein Interessenvertreter, Parlamentarier oder Wissenschaftler persönlich versagt hat. Es mag Menschen geben, die Argumente und Kritik erst dann so richtig spannend finden, wenn jemand persönlich angeschossen wird. Dass damit die sachliche Analyse befördert wird, ist indes zu bezweifeln. Erst recht nicht weiterführen würde die anmaßende Vorstellung, man selbst sei frei von einfachen Wahrheiten – oder die ebenso anmaßende Behauptung, man sei zwangsläufig der Einzige, der bestimmte gängige Vereinfachungen bemerke.

Der Klimawandel, basierend auf den Treibhausgasemissionen vor allem der fossilen Brennstoffe, bedroht durch Nahrungs- und Wasserknappheit, Naturkatastrophen und Ressourcenkriege die Menschheit existenziell. Jenseits der sogenannten Klimaskeptiker, zu denen allerdings einige Populisten zählen, gibt es in den meisten Ländern inzwischen eine breite Mehrheit dafür, die Klimaemissionen mehr oder minder zeitnah und mehr oder minder stark zu senken. Die Einzelheiten sind innerstaatlich wie auch zwischenstaatlich sehr umstritten. Verblüffend ist, und darauf kommt es vorliegend an, dass die Mainstream-Positionen sich auch bei einem so fachlich wirkenden Thema ihre einfachen Zugänge beziehungsweise Wahrheiten zurechtlegen. Und damit die nötige Problemlösung aller Wahrscheinlichkeit nach verfehlen.

Mit der Energie- und Klimapolitik ist es in Deutschland und der EU bisher nicht so weit her wie meist behauptet. Trotzdem meinen praktisch alle politischen Stimmen, auch solche mit großer fachlicher und intellektueller Kompetenz, bislang unisono, man sei hierzulande Vorreiter – was die einen begrüßen und die anderen wegen angeblicher Gefährdung des Wirtschaftsstandortes durch zu viel Umweltschutz kritisieren. Bei näherem Besehen erweist sich diese einfache Wahrheit jedoch leicht nachprüfbar als unhaltbar. Als Maßstab dafür sei hier das allseits gefeierte Klimaabkommen von Paris von Ende 2015 angelegt. Das Paris-Abkommen ist in vielen Details eher vage und enttäuschend. Gleichzeitig weist es eine wirklich ambitionierte Zielmarke auf. Sie lautet, die globale Erwärmung auf deutlich unter 2 Grad Celsius zu begrenzen, wobei sogar Anstrengungen zur Begrenzung auf 1,5 Grad vorgegeben werden. Für einen Industriestaat wie Deutschland mit hohen Emissionen pro Kopf, letztlich aber sogar für alle Staaten hieße nämlich bereits das Ziel einer Temperaturbegrenzung auf deutlich unter 2 Grad Erwärmung im Lichte der Daten des Weltklimarats (IPCC) in etwa 20 Jahren null fossile Brennstoffe bei Strom, Wärme, Treibstoff und stofflichen Nutzungen. Für die 1,5-Grad-Grenze müsste die globale Treibhausgasfreiheit schon in etwa zehn Jahren erreicht werden.

Die bisherige Klimadebatte in Deutschland und der EU geht an alledem meilenweit vorbei, und zwar unabhängig davon, ob die gängige Politik begrüßt oder als zu wirtschaftsfeindlich eingeschätzt und deshalb für »mehr Augenmaß« plädiert wird. Dabei ist es einigermaßen offensichtlich, dass ein Land wie Deutschland weit davon entfernt ist, seine Emissionen in zehn bis 20 Jahren in allen Sektoren auf null zu senken. Es fällt uns selbst ernannten Vorreitern schon schwer, die Emissionen überhaupt zu senken. Und die – auf hohem Niveau – geschehenen statistischen Emissionsreduktionen in der EU seit 1990 werden von bloßen Emissionsverlagerungen ins Ausland übertroffen.[2] Denn in einer globalisierten Welt laufen die emissionsintensiven Produktionsschritte, etwa von Stahl, zunehmend in den Schwellenländern. Die allseits geteilte Vorstellung, eine problematische Klimapolitik sei das Privileg von Donald Trump, erweist sich von der Emissionsbilanz her damit als leicht nachprüfbar unzutreffend – und damit als ziemlich einfache Wahrheit.

Verblüffend ist ferner, dass Befürworter und Kritiker mit Selbstverständlichkeit davon auszugehen scheinen, dass die Klimawende im Grunde bloß eine Stromwende sei. Die Energie- und Klimawende handelt im Kern davon, die Quelle der Treibhausgasemissionen zu verschließen. Diese Emissionen resultieren größtenteils aus dem Einsatz fossiler Brennstoffe für Strom, aber auch Wärme, Treibstoff,

Mineraldünger und weitere Nutzungen. Befürworter und Kritiker in Deutschland und der EU reden aber weitgehend nur über Strom.

Die – offenkundig – unzulässige Vereinfachung des Diskurses setzt sich bei der Strategiefrage fort. Ist Klimaschutz einfach nur durch technischen Wandel möglich? Oder müssen wir alle auch anders leben, zum Beispiel weniger konsumieren? Allseits bemerkt und auch schwer zu bestreiten ist dabei zunächst: Erneuerbare Ressourcen und Ressourceneffizienz als technische Perspektiven sind für die Energie- und Klimawende und generell für die Lösung von Umweltproblemen essentiell. Entgegen der die gesamte öffentliche Debatte bestimmenden Sichtweise bedarf es jedoch möglicherweise auch der Suffizienz, also der Verhaltensänderungen im Sinne von mehr Genügsamkeit. Nicht nur technisch besser Autofahren, sondern weniger Autofahren sozusagen. Oder im globalen Süden: die Zunahme des Autofahrens von vornherein begrenzen. Zwar scheint es attraktiv, Umweltprobleme wie den Klimawandel rein technisch lösen zu wollen: wegen der größeren Bequemlichkeit und weil neue Technologien Wachstum und Arbeitsplätze schaffen. Dennoch sprechen verschiedene Aspekte dagegen, von einer ausschließlich technischen Bewältigung zentraler Umweltprobleme auszugehen. Wiederholt seien hier nur die wichtigsten Aspekte, die ich früher schon einmal ausgearbeitet habe.[3]

Zu nennen ist zunächst das Problemausmaß. Gemessen an bisher bekannten Innovationsgeschwindigkeiten erscheint es wenig wahrscheinlich, dass ein Wandel hin zu erneuerbaren Energien und Energieeffizienz allein vollständig in zehn bis zwanzig Jahren die fossilen Brennstoffe aus dem Markt nehmen kann. Genau dies wäre aber nötig, um die katastrophalen Folgen des Klimawandels abzuwenden und der Pariser Temperaturgrenze gerecht zu werden. Der rein technische Weg scheitert auch deshalb, weil für bestimmte Emissionsarten ausreichende technische Optionen fehlen, etwa im Bereich Landwirtschaft und Ernährung. Dort entstehen Emissionen durch eine fossil basierte Düngung, trockengelegte Moore und Tiere. Vier Fünftel der Weltagrarfläche werden zur Produktion tierischer Nahrungsmittel verwendet. Die Hauptmaßnahme dagegen wäre, wenn in den Industriestaaten und den Schwellenländer-Oberschichten weniger Tierisches gegessen würde. Das wäre jedoch eine Verhaltensänderung, keine technische Änderung. Die Lebensmittel-Wegwerfrate als Effizienzmaßnahme zu reduzieren, ist auch wichtig, es reicht allein jedoch gemessen an den genannten ambitionierten Klimazielen nicht.

Hinzu kommt: Wir werden zwar technisch immer besser, aber auch reicher, womit immer mehr Emissionen entstehen, die wir dann einsparen müssen. Dazu kommt: Man muss neben dem Klimawandel weitere Umweltprobleme lösen, aus existenziellen, ökonomischen und friedenspolitischen Gründen. Und dort sind technische Lösungen in weit geringerem Umfang vorhanden als beim Klimawandel. Zentrale Beispiele hierfür sind die geschädigten Ökosysteme mit dem Biodiversitätsschwund, die gestörten Stickstoffkreisläufe und die Bodendegradation, also die schleichende Verschlechterung der Böden durch Erosion, Schwermetallbelastungen und so weiter. Lösungen bedeuten hier zentral, dass der Mensch sich stärker aus der Fläche zurückzieht und die agrarische Produktion drosselt. Das geht, wenn, wir sagten es, weniger Tierisches gegessen wird. Was erst recht nicht geht, ist, dass man noch mehr Fläche in Nutzung nimmt, um auch ohne fossil basierten

Dünger genauso viel zu produzieren – und womöglich noch die Erdöl-Kunststoffe in der heutigen Menge durch nachwachsende Rohstoffe ersetzt. Und am Ende alle Menschen weltweit den westlichen Lebensstil und damit Ressourcenverbrauch übernehmen.

Neben grüner Technik gehört zum Umweltschutz damit auch ein genügsamerer Lebensstil. Es reicht also nicht, nur effizientere Autos zu fahren – wir müssen wieder mehr zu Fuß gehen oder Fahrrad, Bus und Bahn benutzen. Gegen diese unbequeme Wahrheit helfen aller Voraussicht nach keine vermeintlichen Wunderlösungen wie riesige Aufforstungen, um Klimagase zu binden. Denn deren Ausmaße müssten gigantisch sein, will man damit substanziell Emissionen reduzieren. Auch die treibhausgasfreie Atomenergie ist eher keine Lösung. Mindestens ihr Attentatsrisiko ist unkontrollierbar, und ihre Kosten sind exorbitant. Die deutsche Debatte über den Atommüll verdeutlicht das gerade. Und wenn Techniker vorschlagen, anstelle der ungeliebten Genügsamkeit eben der Luft Klimagase zu entziehen, etwa durch Düngung der Meere oder unterirdische Speicherung, dann drohen ebenfalls unüberschaubare Risiken und exorbitante Kosten. Defensiver ausgedrückt stehen entsprechende Technologien bisher schlicht nicht einsatzreif zur Verfügung, und dass sich das in den genannten kurzen Fristen des Paris-Abkommens ändern wird, erscheint wenig wahrscheinlich.

An der Notwendigkeit eines Suffizienz-, also Genügsamkeits-Elements geht der Mainstream-Diskurs mit erstaunlicher Selbstverständlichkeit vorbei. Umgekehrt ist es aber auch irreführend, in ein Technik-Bashing zu verfallen, wie dies manche Mainstream-Kritiker tun. Natürlich ist Technik für Nachhaltigkeitsfragen ein wesentlicher Teil der Lösung.

Allein ausreichend ist sie jedoch nicht. Doch auch hier dominieren einfache Wahrheiten.

Das Setzen auf grüne Technologien wie Solarenergie oder Effizienzsteigerungen kann zwar sogar noch Wachstum erzeugen und damit das klassische Kohlekraftwerks-Wachstum ersetzen. Wenn jedoch Suffizienz ein wesentlicher Teil der Nachhaltigkeitswende sein muss, dann wird weniger verkauft werden, etwa weniger Urlaubsflüge. Ein Ende der Wachstumsgesellschaft liegt damit nahe, zunächst einmal in den Industriestaaten, die laut Pariser Abkommen beim Klimaschutz vorangehen sollen. Auch in diesem (Post-)Wachstumsdiskurs lauern – entweder durch Ausblendung des Problems oder durch Verklärung der Chancen – einfache Wahrheiten, die uns im nächsten Abschnitt beschäftigen werden.

Auch die Erklärung, warum wir trotz all dieser Entwicklungen weitermachen wie bisher, fallen oft unterkomplex aus. Man ist damit bei den Antriebskräften menschlichen Verhaltens (also von Politikern, Unternehmern, Konsumenten und so weiter), was mich andernorts wiederholt ausführlich beschäftigt hat (und was ab Kapitel 9 noch näher Thema sein wird). Simple Direktiven wie »eine moderne Wirtschaft braucht Öl und Kohle« oder umgekehrt, dass ein ökologischer Pfad im Grunde ganz einfach wäre, sind bei näherem Besehen nicht haltbar. Auch viele intellektuelle Ökos kokettieren mit relativ platten Anklagen gegen Energiekonzerne oder den Kapitalismus im Allgemeinen und verstellen den Blick darauf, dass sehr viele Faktoren – und schlussendlich wir alle – Teil des Problems sind, sind doch wir alle als Kunden, Arbeitnehmer oder Aktionäre unserer Pensionsfonds zum Beispiel mit den Unternehmen verflochten. Ebenso wenig hilfreich ist es, allein (!) politische Vorgaben als Lösung auszugeben, hängt gesellschaftlicher Wandel und damit auch das Zustandekommen von Politik doch wieder von einem Wechselspiel gesellschaftlicher Kräfte ab – also auch von uns allen. Unternehmen, Politik und Bürgern respektive Konsumenten hängen wechselseitig voneinander ab: Ohne Druck aus der Gesellschaft also auch keine nachhaltige Politik. Und wir sind alle Menschen mit strukturell ähnlichen Motiven wie Eigennutzenstreben, Gefühlen, Normalitätsvorstellungen und so weiter (näher dazu ab Kapitel 9). Deshalb scheitert eine politisch vorgegebene Nachhaltigkeit bislang an ganz ähnlichen menschlichen Motiven wie ein freiwilliger nachhaltiger Konsum (näher Kapitel 10–11). Besonders beliebt ist auch die Vorstellung, bis hin zu nobelpreiswürdigen Naturwissenschaftlern, dass mangelnder Klimaschutz einfach eine Frage mangelnden Wissens sei. Wie wenig das zutrifft, sehen wir später noch, wenn wir die Rolle des Faktors Wissen im Kontext des Phänomens einfache Wahrheiten betrachten.

Verblüffend ist ferner, dass der Mainstream-Klimadiskurs nicht klar benennt, dass die bisherigen Klimapolitikinstrumente oft untauglich sind. So haben die traditionellen Ansätze den strukturell unbehebbaren Nachteil, dass sie ungeplante Verlagerungseffekte von Umweltproblemen in andere Länder und gegebenenfalls andere Sektoren auslösen können. So werden durch wärmegedämmte Häuser in der EU vielleicht Heizkosten gespart, die dann in umso mehr klimaschädliche Urlaubsflüge investiert werden. Und wird in der EU der Einsatz des erdölhaltigen Mineraldüngers gedrosselt, könnte dies zu einem umso intensiveren Landbau außerhalb der EU führen (von wo wir dann unser Essen importieren). Ferner ist das essentielle Problem für die ökologische Belastung und mehr noch für das Ressourcenproblem weniger das einzelne Auto oder die einzelne Düngung, sondern die Kumulation der vielen Vorgänge. Es nützt nichts, wenn etwa das einzelne Auto effizienter wird, dafür aber mehr und leistungsfähigere Autos fahren.

Die EU könnte deshalb – angesichts der ohnehin regelmäßig anstehenden Überprüfungen der Pariser Verpflichtungen – sich immer noch auf eine echte Vorreiterrolle besinnen und mit einem Klimaschutzansatz vorangehen, der eine Perspektive zur Einbeziehung der übrigen Welt enthält. Dies könnte etwa geschehen durch eine gründliche Revision des ohnehin stark reformbedürftigen EU-Emissionshandels. Er müsste dafür sämtliche fossile Brennstoffe statt nur einzelne Sektoren einbeziehen – und die Emissionsgrenze für die EU anders als bisher so setzen, dass sie dem Vollausstieg aus den Fossilen in zehn bis 20 Jahren entspricht. Damit könnte die EU einen (vollständigen) Übergang hin zu erneuerbaren Energien und einer verbesserten Energieeffizienz auf den Weg bringen, mit auch sonst positiven Effekten für andere Umweltprobleme wie Verlust der Artenvielfalt, Bodendegradation und gestörte Stickstoffkreisläufe aufgrund des Ausstiegs aus den fossilen Energieträgern. Das Problem drohender Emissionsverlagerungen nach außerhalb der EU könnte welthandelsrechtskonform durch ein System von Ökozöllen (sogenannten Border Adjustments) gegenüber Staaten, die sich nicht an gemeinsamen Klimaschutzanstrengungen im durch die Pariser Temperaturgrenze normierten Umfang beteiligen, gelöst werden. Ferner könnten gerade die Länder Südamerikas und Afrikas zur Teilnahme an dem System eingeladen werden unter für sie vorteilhaften Bedingungen. In diese gesamte Richtung weist auch ein anderer Gesichtspunkt. Öl-Abhängigkeit und damit Abhängigkeit von autoritären

Staaten kann auch in Europa Freiheit und Demokratie unterminieren. Dazu kommt die damit eng verknüpfte Rolle des Terrors (dazu sogleich Kapitel 7).

6. Grenzen des Wachstums – und die Grenzen einfacher Antworten darauf

Der politisch-gesellschaftliche Mainstream und besonders fast alle Ökonomen sind von alledem weitgehend unberührt ungebrochen wachstumsgläubig. Wachstum und seine Sicherstellung wird von fast allen politischen Kräften global als das zentrale politisch-gesellschaftliche Ziel gesehen. Vom Wachstum verspricht man sich größeres Wohlergehen, stabile Sozialstaaten, mehr menschliches Glück, mehr Freiheit und die Schaffung von Arbeitsplätzen. Auch liegt nahe, in den Entwicklungs- und Schwellenländern in den nächsten Jahrzehnten die oft dramatische Armut zu bekämpfen, was eine Art von Wirtschaftswachstum impliziert. Gleichzeitig gibt es eine kleine Community, stark auch im Feuilleton sichtbar, die extrem wachstumskritisch ist und sich von Postwachstum viele glückliche Menschen verspricht. Beide Seiten übergehen auf jeweils höchst intellektuelle und gerade deswegen verblüffende Weise, dass es wesentliche offene Fragen gibt; spielt man diese herunter, landet man bei allzu einfachen Diagnosen und Lösungen. Dem ist jetzt nachzugehen.

Wie in Kapitel 5 festgestellt, wird ein Suffizienz-Anteil an der Bewältigung zentraler Umweltprobleme wie des Klimawandels mit hoher Wahrscheinlichkeit einen unbeabsichtigten Übergang zu einer Postwachstums-Gesellschaft zur Folge haben, also zu einer Gesellschaft, die dauerhaft ohne Wirtschaftswachstum auskommen oder sich sogar auf Schrumpfungsprozesse einstellen muss.[4] Sicherlich kann man aus dem Suffizienzgedanken auch einzelne Geschäftsideen entwickeln, die mit Ansatzpunkten wie sharing, regional, slow, Dienstleistungsorientierung oder gerade Bildungsmaßnahmen und Kursen zu tun haben.[5] In der Summe würde echte Suffizienz aber eben, solange sie ernsthaft stattfindet und sich der Konsum nicht lediglich hin zu anderen Ressourcenbelastungen verschiebt, gerade darin bestehen, dass wir alle weniger kaufen. Und dies wird volkswirtschaftlich aller Wahrscheinlichkeit nach die bisherige Wachstumsgesellschaft nicht fortbestehen lassen.[6] Suffizienz macht eine Energie- und Klimawende nicht unbedingt unwirtschaftlich.[7] Wirtschaftlich sinnvoller als eine Welt der Klimakriege ist und bleibt ein geplantes, schrittweises wirtschaftliches Umdenken mit einiger Wahrscheinlichkeit allemal. Stellt man sich dagegen trotz der formulierten Probleme dauerhaft und in allen Teilen der Welt weiteres Wachstum vor[8], so müsste man Nachhaltigkeit auf technische Strategien beschränken – und die Umweltprobleme nach dem Gesagten teilweise hinnehmen, einschließlich absehbarer weiterer desaströser Folgen wie Hunger und Kriege.[9]

Auch die Hoffnung, dass künftig neue Ideen entdeckt werden und ohne jeglichen Ressourcenverbrauch dann doch ein ewiges Wachstum ermöglichen, wird wohl nicht helfen. Wenn diese Vision eine ökonomische Substanz haben soll, muss damit gemeint sein, gewissermaßen noch stärker als ohnehin schon im 21. Jahrhundert auf Dienstleistungen statt auf Produkte zu setzen. Einfach nur Ideen an sich wären demgegenüber kein Wirtschaftsgut, und erst recht hilft es rein ökonomisch nichts, ausschließlich einen anderen Wachstumsbegriff zu entwickeln, also künftig die Mehrung anderer, nicht am Markt gehandelter Güter[10] zu quantifizieren. Gedanklich ist so etwas anregend, doch die wirtschaftliche Funktion des Wachstums verkäuflicher Produkte und Dienstleistungen für Arbeitsmarkt oder Sozialversicherung wird dadurch nicht ersetzt. Indes ist mindestens offen, ob eine totale Dienstleistungs-Volkswirtschaft überhaupt wirklich dauerhaft Wachstum generiert.[11] Ferner verbrauchen auch Dienstleistungen Ressourcen, wie man am Internet gut besichtigen kann. Zudem macht es die sich erschöpfende Nachfrage in den Industriestaaten schon momentan schwieriger für Unternehmen, immer neue Dienstleistungen an die Kunden zu bringen. Viertens erscheint der Gedanke, die menschliche Vorstellungskraft und Zeit seien gewissermaßen unendlich, ein wenig grotesk. Liebe, Naturgenuss oder Kunstgenuss sind nicht nur keine marktgängigen Güter – sie lassen sich auch einfach nicht unendlich steigern.

Das absehbare Ende des Wachstumszeitalters ist ein großes Problem, da moderne Gesellschaften bisher von wirtschaftlichem Wachstum abhängig sind.[12] Das große Problem dabei ist[13]: Bislang hängen vom Wachstum zentrale gesellschaftliche Institutionen ab, etwa der Arbeitsmarkt, das Rentensystem, die Banken und das System der Staatsverschuldung. Alternativkonzepte für deren Befreiung vom Wachstumszwang sind über einzelne Ideen wie Arbeitszeitverkürzung bislang kaum hinausgekommen. Erst recht fehlen Konzepte für die schwierige Übergangsphase in die Zeit nach dem Wachstum – ohne massive Brüche und soziale Unruhen, wie wir sie in den Eurokrisen-Staaten erlebt haben, wo innerhalb kürzester Zeit Wachstum in Schrumpfung verkehrt wurde. Dass hier große Brüche und große Diskussions- und Forschungsbedarfe im Raum stehen, ist damit eigentlich schwer zu leugnen. Wenn dennoch vom Mainstream das Wachstum jenseits einer rhetorischen Relativierung in Sonntagsreden in der Sache für unhinterfragbar erklärt wird, erscheint das als doch recht seltsame Verkürzung einer komplexen Problemlage und damit als ziemlich einfache Wahrheit.

Umgekehrt wäre es aber mindestens ebenso verkürzend, das Ende des Wachstums im Stil einiger Postwachstums-Anhänger herbeizusehnen, so sehr man persönlich auch finden kann, dass man materiell ohnehin schon immer genügsamer leben wollte (und sich davon vielleicht gar eine weniger getriebene und zufriedenere Gesellschaft verspricht, was indes andernorts als durchaus zweifelhaft herausgearbeitet wurde[14]). Wenn es beispielsweise dauerhaft kein Wachstum gibt, bricht die Konstruktion zusammen, dass heutige Staatsschulden durch steigende Steuereinnahmen in Zukunft gegenfinanziert werden können. Würde man dies durch hohe Besteuerung für Reiche aufzufangen versuchen, wäre absehbar mit Auswanderung oder zumindest Kapitalverlagerung in andere Länder zu rechnen, sofern nicht alle Länder den gleichen Weg in Richtung Nachhaltigkeit einschließlich eines Anteils von Suffizienz gehen. Insofern bleiben immense Klärungsbedarfe sowohl für neue Konzepte für den Arbeitsmarkt et cetera als auch für den schwierigen Übergangsprozess dorthin. Beispielsweise ein Rentensystem zu transformieren, ist eben alles andere als trivial, und besonders in Zeiten des demographischen Wandels erscheint es als Übung mit offenem Ausgang. Ebenso unklar, trotz allen Redens von etwas Arbeitszeitverkürzung, sind die genauen Konzepte für einen Arbeitsmarkt ohne Wachstum, wo doch der Arbeitsmarkt bereits durch Automatisierung, Globalisierung, Digitalisierung, Rationalisierung immer stärker unter Druck geraten dürfte. Postwachstum uneingeschränkt zu begrüßen, erscheint daher auch als – wenngleich intellektuell präsentierte – eher einfache Wahrheit.

Eine weitere einfache Wahrheit wäre es, wenn man – positiv oder negativ konnotiert – das mögliche Ende des Wachstums wegen dessen Wichtigkeit für den Kapitalismus sogleich mit dem Ende dieses Wirtschaftssystems gleichsetzen würde. Wachstum ist für den Kapitalismus sicherlich essentiell. Mit Kapitalismus verbinden sich jedoch weitere Stichworte wie eine bestimmte Eigentumsordnung, abhängige Arbeitnehmer, mehr oder minder freier Wettbewerb und Marktwirtschaft. Diese Faktoren würden sich selbst mit einem Ende des Wachstums nicht zwangsläufig in Luft auflösen, und es ist ein weites Feld, ob dies überhaupt wünschenswert wäre. Wachstums- und Kapitalismuskritik einfach zu parallelisieren, führt daher erneut in das Feld allzu einfacher Diagnosen.

7. Reaktionen auf Terroranschläge – und ihre verdrängte Verknüpfung mit anderen Problemen

Ein Thema, das sich für Analysen zu einfachen Wahrheiten aktuell besonders aufdrängt, ist der extremistische, häufig islamistisch motivierte Terror und seine Bekämpfung.

Hierbei handelt es sich um ein Thema, das auch von populistischer Seite stark wahrgenommen wird, geht es doch um den Zusammenhang von Migration, Islam und Sicherheitspolitik. Aus der Masse damit verknüpfter Fragen soll hier lediglich eine herausgegriffen werden, nämlich die Art, wie wir über Terroranschläge reden und uns die Antwort auf sie zurechtlegen. Bei näherem Besehen erweist sich dies als für die Terrorthematik besonders interessanter Zugang, gerade auch was mögliche Auswege angeht. Auch hier ist das Anliegen freilich zu zeigen, dass nicht nur die Stimmen, die nach drastischen Strafen, Mauern gegen Migranten oder Militärinterventionen rufen – und dies sind nicht nur Populisten –, sondern auch besonnene Kräfte hier Gefahr laufen, einfachen Wahrheiten zu erliegen. Diese lauten dann nur eben, man müsse die offene Gesellschaft verteidigen und tolerant sein, also den liberalen Staat nicht durch Sicherheitsmaßnahmen unterlaufen, sich aber trotzdem die ganze Zeit intensiv mit Terroranschlägen beschäftigen.

Die leider häufiger werdenden islamistischen Attentate in Europa lassen die einen schärfere Gesetze fordern, die anderen wollen die Freiheit verteidigen. Jedenfalls dominiert das Thema Terror die politische Agenda. Natürlich ist das Thema relevant und die Aufregung allzu verständlich. Natürlich sind die Täter kriminell. Das Ausmaß der Debatte hinterlässt jedoch ein dreifaches Unbehagen, das von liberaler wie populistischer Seite relativ weitgehend zugunsten des Festhaltens an alten, einfachen Reflexen ausgeblendet wird:

Man spielt damit aller Voraussicht nach genau den Terroristen in die Karten. Denn deren primäres Ziel sind nach allem, was man sagen kann, nicht die konkreten einzelnen Opfer. Das Ziel ist vielmehr, ganze Gesellschaften in Aufruhr zu versetzen. Um damit die den Terroristen verhasste freiheitliche Ordnung zu untergraben. Und um einen Konflikt mit dem Islam zu schüren, der auch gemäßigte Muslime schließlich in die Arme der Extremisten treibt.

Außerdem begünstigt dies öffentliche Nachahmungstäter. Nimmt man plausibel an, dass solche Täter wesentlich von einem Wunsch nach Anerkennung und Geltung getrieben sind, gibt ihnen die öffentliche Aufregung genau das, was sie wünschen. Für künftige Täter werden Attentate damit potentiell attraktiver.

Zudem – und das ist der absehbar kontroverseste und schwierigste Punkt – ist die totale Priorisierung des Themas Anschläge in der Öffentlichkeit keineswegs so selbstevident, wie es scheint. Zwar ist es menschlich ebenso verständlich wie leicht erklärlich, dass Attentate das Lebens- und Sicherheitsgefühl sehr vieler Menschen berühren und generell gut sichtbare (und zudem evident kriminelle) Handlungen große Aufmerksamkeit erfahren.

Dennoch erscheint es – auch wenn das den Terror in keiner Weise entschuldigt – als durchaus diskussionswürdige Konstellation, dass wir andere soziale Katastrophen mit weit mehr Opfern weitgehend ignorieren. Diese werden zwar nicht absichtlich und auch nicht im Sinne des geltenden Strafrechts kriminell herbeigeführt. Bewusst in Kauf genommen werden diese Katastrophen von den Handelnden jedoch auch. Man denke etwa an die rund 300 000 Feinstaub-Toten pro Jahr in der EU, von denen man sehr viele durch bessere Filtertechnik vermeiden könnte. Nur müssten dann eben Kohlekraftwerke, Verbrennungsmotoren oder mineralische Düngung zügig überwunden (und übergangsweise besser gefiltert) werden. Das könnte einiges für uns unbequemer und teurer machen, aber möglich wäre es (Kapitel 5). Nebenbei bemerkt ist auch für uns alle persönlich die Gefahr, feinstaubbedingt an Krebs zu sterben, um ein Vielfaches höher, als Opfer eines Terroranschlags zu werden. Und trotzdem scheint das Problem allenfalls einige Experten zu interessieren – und im Kontext der Terrordebatte interessiert es noch weniger Leute, zugunsten der genannten einfachen Diagnosen und Lösungsvorschläge, die die Terrordebatte prägen.

Besonders drastisch erscheint, dass eine mittlere zweistellige Zahl von Millionen jährlicher Hungertoter weltweit kaum jemanden im Westen sonderlich zu beunruhigen scheint. Dabei könnten wir sie durch eine bessere Verteilung und einen geringeren Konsum tierischer Nahrungsmittel, die den Armen buchstäblich das Korn wegfressen, großenteils vermeiden.

Bemerkenswert ist, dass über den Vergleich dieser verschiedenen Missstände nicht einmal eine sinnvolle Diskussion möglich erscheint. Wer aus Anlass von Gewalttaten auf andere weit zahlreichere, nur eben weniger direkt absichtlich begangene drastische Zustände weltweit aufmerksam macht, ist sich unfehlbar einer massiven Wut der Mitmenschen sicher, und zwar nicht nur von Populisten, sondern auch aus dem Mainstream. Erklären kann man diesen Fokus aufs Offenkundige und hier und jetzt sichtbar Geschehende vor dem Hintergrund evolutionsbiologischer Prägungen, die uns noch näher beschäftigen werden (Kapitel 11). Nur sind diese Prägungen in einer globalisierten und hochkomplexen modernen Welt nicht mehr adäquat. Und auch der Hinweis, man dürfe den einen Missstand nicht gegen einen anderen ausspielen, geht am Problem vorbei. Niemand erklärt Terror für irrelevant. Dennoch bleibt unsere Wahrnehmung des jeweiligen Problemausmaßes erkennbar schief – und das gilt für Populisten und alle anderen in etwa gleichermaßen. Ebenfalls allseits wenig wahrgenommen wird, wie der Terror mit anderen Herausforderungen interagiert:

Paradoxerweise bietet nämlich der Zusammenhang des Terrors mit anderen Problemlagen vielleicht Auswege, um den Terror tatsächlich langfristig auszutrocknen und nicht nur sicherheitspolitischen – und oft freiheitsgefährdenden – Aktionismus zu zeigen. Und zwar indem der Westen seine diversen, aus seinem Hunger nach Öl geborenen Interventionen sowie seine Freundschaften zu den diversen autoritären Regimen im Mittleren Osten einstellt und die eigene Zivilisation unabhängig von fossilen Brennstoffen macht. Dass der Westen Diktaturen fördert, ist – wenngleich nicht mehrheitlich – als Kritik immer mal wieder zu hören. Der Zusammenhang zu den fossilen Brennstoffen bleibt jedoch seltsam unterbelichtet.

Kurioserweise würde mit einer solchen Strategie nicht nur dem Terror perspektivisch die Grundlage entzogen, unbemerkt von Populisten und ihren Gegnern gleichermaßen. Vielmehr würde man damit zugleich bei der Bekämpfung von Feinstaub, Verkehrstoten und Klimawandel (der das Hauptproblem für eine sich verschärfende Hungerkrise werden könnte) entscheidend vorankommen. Nebenbei bemerkt vermeidet man dadurch auch noch, dass der Klimawandel durch verheerende Lebensverhältnisse den Terror noch weiter anheizt. Damit wäre man aber bei einer komplexen Betrachtung verschiedener gleichzeitig – und eben keineswegs völlig unzusammenhängend – auftretender gesellschaftlicher Probleme. Eine solche Betrachtung scheinen auch andere Kräfte als bloß die Populisten nicht zu wollen. Und lieber bei einfachen Diagnosen und Lösungen wie mehr Ausweisungen, mehr Polizei, mehr Mauern (so die Populisten) oder einer reflexhaften allgemeinen Liberalitätsforderung (so der Mainstream) zu bleiben, die das Thema Terror weder bewältigen noch die genannten Negativeffekte der Daueraufmerksamkeit für den Terror beseitigen.

8. Chancengleichheit und Nichtdiskriminierung – wenn komplexe Verteilungsfragen allzu einfach gelesen werden

Als weiteres Beispiel für die keinesfalls nur populistische Neigung zu einfachen Wahrheiten soll auch die Sozialpolitik und dort konkret die Debatte um Chancengleichheit und Nichtdiskriminierung betrachtet werden. Ähnlich wie in der Klimadebatte gibt es zu diesen Themen zwar auch dezidiert populistische Positionen – vor allem in Gestalt der Kritik an allem mit dem Label »Gender« Versehenen. Gleichzeitig zeigt die Debatte aber auch jenseits dieser Positionen Vereinfachungstendenzen, ohne dass davon Positionen ausgenommen wären, die mit großem intellektuellem Aufwand und ohne polemische Absicht entwickelt werden. Wohlgemerkt geht es nicht um Sozialpolitik in ihrer großen Allgemeinheit, sondern um jene Zuspitzung.

Chancengleichheit und der Abbau jeglicher Diskriminierungen und Benachteiligungen spielen als politische Konzepte seit längerem eine zentrale, immer weiter zunehmende Rolle. Bildung, Arbeitsmarkt, Migration, Geschlechterverhältnisse und sexuelle Orientierungen bilden die wechselnden Gegenstände für solche Debatten. Aktuell wird in der Öffentlichkeit, nachdem seit langer Zeit eher Bildungs- und Geschlechterfragen im Vordergrund stehen, die Debatte von einem bislang vernachlässigten Thema her neu aufgerollt: von der vollständigen Inklusion von Behinderten ins gesellschaftliche Leben. Ging es bisher um Behindertenintegration, etwa über eine partielle Integration ins reguläre Schulsystem, soll nunmehr, der UN-Behindertenrechts-Konvention von 2006 folgend, eine strikte Überwindung jeglicher Ungleichbehandlung angestrebt werden. Chancengleichheit wird also mit größter Selbstverständlichkeit allseits gefordert. Aber hat sie wirklich einen konkret greifbaren Inhalt – oder ist ihr Propagieren, so sinnvoll bei näherem Besehen einige damit verbundene Intentionen auch sind, eher das, was man eine einfache Wahrheit nennen könnte?

Begrifflich meint Chancengleichheit gleiche Startbedingungen für alle Menschen, meist verbunden mit dem Zusatz, dass aufgrund der gleichen Freiheit aller Menschen »unverdiente« Nachteile vermieden oder ausgeglichen werden müssten. »Chance« mag dabei in etwa bedeuten, dass jeder gleichermaßen die Möglichkeit hat, sein Glück zu finden. Und in der Tat schützen die Freiheitsrechte das Recht, ein Leben nach eigenen Vorstellungen zu leben. Zur gleichen Freiheit in liberalen Demokratien (näher Kapitel 15) gehören zudem ethisch und rechtlich sicherlich gleiche Rechte. Ebenso ist mit der Freiheit impliziert, dass ich für die Folgen meiner Handlungen einstehen soll und dass die negativen Folgen meines Tuns nicht bei anderen landen sollen (Junktim von Freiheit und Folgenverantwortung). Daraus folgt aber nicht im Umkehrschluss, dass alle Bürger zu gleichen Teilen das zu tragen haben, was niemand, sondern der Zufall »verursacht« hat (etwa die geringe Intelligenz eines Menschen, der sodann am Arbeitsmarkt weniger erfolgreich ist). Und dass alle die materiell gleichen Möglichkeiten haben müssen, folgt daraus auch nicht.

Damit verliert aber die Idee, dass alle Nachteile per se vom Staat voll ausgeglichen werden müssen, ihre Plausibilität. Die Feststellung für konkrete Einzelfallkausalitäten (etwa in puncto Bildung) und ihre Zuschreibung als »selbst verursacht«, »sozial zugefügt« oder »angeboren« ist sehr schwierig bis unmöglich. Noch wichtiger ist indes das Problem, dass gar nicht klar ist, wie man verschiedene Chancen in verschiedenen Lebenssituationen miteinander verrechnen und letztlich für »(un-)gleich« befinden kann – und ob nicht noch weitere Gesichtspunkte zu berücksichtigen sind:

Der Verfasser etwa stammt aus einer Wissenschaftlerfamilie und aus Berlin. Der Vater eines türkischen Mitschülers, möge er Ali heißen, war Bauarbeiter. Als wir in der dritten Klasse einmal gefragt wurden, was wir später werden wollen, antwortete ich: Professor. Ali antwortete: Bauarbeiter. Heute haben wir beide unser »Ziel« erreicht. Aber ist das Chancengleichheit? Müssen Ali und Felix die gleiche »Chance« haben, ihren jeweiligen Plan umzusetzen – ebenso wie dann auch der kleine Emil, der gerne Fernsehmoderator oder Graphikdesigner werden möchte? Dies wäre ersichtlich sinnlos, weil diese Berufe ganz unterschiedlich schwierig zu erreichen sind. Und wie will man die verschiedenen Chancen überhaupt präzise vergleichen?

Oder ist gemeint, dass Ali, Felix und Emil die gleiche Chance haben müssen, Professor zu werden? Dies wäre selbst bei Erstklässlern häufig (wenn auch sicherlich nicht immer) bereits eine uneinlösbare Forderung. Denn aufgrund der unterschiedlichen frühkindlichen Sozialisation mit ihrer strukturierenden Wirkung für das Gehirn könnte ich schon zu diesem Zeitpunkt einen nur schwer einholbaren Vorsprung vor Ali gehabt haben. Die abstrakt denkbare Lösung, dann eben die Kinder ihren Eltern wegzunehmen, wird niemand ernstlich wollen, auch wenn der große Platon das einst propagiert hat. Und selbst dann bliebe zumindest das Problem ungleicher angeborener – vielleicht ja nicht ausschließlich erlernter – Begabungen bestehen.

Und soll man auch dann noch »überschüssige«, also »wirklich angeborene«, Talente durch Strafsteuern zu Lasten der Begabten enteignen oder die Menschen gar totalitär vereinheitlichen? Es ist relativ leicht ersichtlich, dass all dies in freiheitlichen Gesellschaften kaum vorstellbar wäre – und letztlich auch eine einheitliche, staatlich verordnete Glücksvorstellung voraussetzen würde (die der liberale Staat nicht hat).[15] Also ist ein Egalitarismus schon für *Start*chancen nicht nur für eine kommunistische Ergebnisgleichheit nicht voll realisierbar. Erst recht gilt all das für die globale Politikebene mit noch viel »unterschiedlicheren« Ausgangssituationen. Dies heißt nicht, dass es nicht viele Ansatzpunkte geben mag, die Chancengleichheit zu erhöhen, schon innerhalb westlicher Industriestaaten und mehr noch global.

Insgesamt muss die rechtlich garantierte Freiheit des einen eben mit der Freiheit des anderen durch politische Entscheidungen in Einklang gebracht werden, wie uns später noch näher beschäftigen wird (Kapitel 15 und 17). Und wer hohe Geldbeträge etwa für ein chancengleiches Bildungssystem fordert, muss sich auch mit den Auswirkungen auf die Freiheit der Steuerzahler auseinandersetzen.

Echte Chancengleichheit erfordert große Investitionen und vielleicht sogar eine Überwindung von Konkurrenz und Leistungsdenken und damit womöglich des Kapitalismus. Wir alle sind indes über Arbeitsplätze, Konsumwünsche oder Pensionsfonds, die über Aktienpakete Eigentümer der Unternehmen sind, mehr oder minder mit der kapitalistischen Welt verflochten. Und auch Sozialleistungen etwa für Behinderte werden aus den staatlichen Steuereinnahmen bezahlt, die ohne die Leistungsgesellschaft vielleicht spärlicher vorhanden wären. Das Ganze gilt auch für globale Verteilungsfragen: Mindestlöhne in Entwicklungsländern sind eine interessante Idee, aber viele Produkte werden damit eben auch für die weniger Begüterten in westlichen Ländern deutlich teurer werden. Das sollte man klar benennen und nicht so tun, als gäbe es hier keinen Konflikt zu lösen.

Es geht dabei nicht nur ums liebe Geld. Konkurrenz kann Existenzen vernichten, sie hat aber auch viel mit freier Entfaltung und Kreativität zu tun. Wären Menschen und Politik ausschließlich auf Kooperation ausgerichtet, wäre etwa die wirtschaftliche, wissenschaftliche und technische Entwicklung kaum so verlaufen, wie sie verlaufen ist. Und haben sich nicht selbst Künstler wie Michelangelo und Raffael durch Konkurrenz zu Höchstleistungen angestachelt? Das macht die Kritik am Status quo keineswegs obsolet, ist aber doch mit zu bedenken. Zudem ist Chancengleichheit schon für sich allein genommen nicht ganz leicht zu fassen, nicht nur für Behinderte, sondern auch für Bildungsverlierer.

Man sieht daran bereits ohne die spätere nähere Analyse zur menschenrechtlichen Freiheit, dass recht unterschiedliche Aspekte der menschlichen Freiheit in sozialen Verteilungsfragen in Kollision geraten und sich damit ein weiter Spielraum für Abwägungen und ganz unterschiedliche Lösungen öffnet. Der in der Philosophie seit Jahrzehnten unter der Überschrift Egalitarismusdebatte gemachte Versuch, das eindeutig zu konkretisieren[16], ist gerade zum Scheitern verurteilt. Das heißt nicht, dass nicht politisch trotzdem die Möglichkeit bestünde zu meinen, dass zum Beispiel geringere Einkommensunterschiede viele Menschen glücklicher machen und deshalb ein hohes Maß von Umverteilung als politisches Programm gewählt werden sollte.[17] Doch ist dies dann eben ein *politisches* Programm und nicht zwingend durch ethische und Verfassungsprinzipien vorgegeben.

Das alles ist kein Totschlagargument gegen konkrete Verbesserungen der Situation Benachteiligter, aber doch die klare Mahnung, nichts zu versprechen, was zwar großartig klingt, bei näherem Besehen jedoch gar keinen klaren Aussagegehalt hat oder schlicht unmöglich ist. Dass jemand mit Trisomie 21 nichts für seinen gesundheitlichen Zustand kann und Unterstützung verdient, ist hundertprozentig richtig. Doch jede noch so beherzte Inklusionsforderung wird ihm keine gleichen Chancen verschaffen, Professor zu werden. Dazu kommen praktische Durchsetzungsprobleme. Das Bemühen um Nichtdiskriminierung Benachteiligter in jeglichen Lebensbereichen zielt letztlich auf eine weitgehende Aufhebung von Unterschieden ab. Doch menschliche Gruppen definieren sich emotional oft über Abgrenzungen, wie etwa der Soziologe Pierre Bourdieu gezeigt hat. Das kann Völker betreffen, Fans verschiedener Fußballvereine, Menschen verschiedener sozialer Hintergründe, alte und junge Generation, Männer und Frauen – und im Behindertenkontext etwa Taubstumme und »Nichttaubstumme«. Identität, die uns allen lieb und teuer ist, und Inklusion können damit in eine heikle Spannung zueinander geraten. Sogar das Sprechen über Diskriminierungen kann schwierig werden, wenn wir beispielsweise die Sprache konsequent nichtdiskriminierend zu nutzen versuchen. Darf ein Taubstummer wirklich als »behindert« bezeichnet werden, oder lebt er einfach nur in einer anderen Welt als die Mehrheit der Mitmenschen? Ein anderes Exempel: Spricht man zum Beispiel nur noch allgemein von »Menschen mit Migrationshintergrund«, sind plötzlich die sprichwörtliche »Importbraut aus Anatolien ohne Deutschkenntnisse« und »Felix Ekardt, Großmutter 1907 als Volksdeutsche im Baltikum geboren, Mutter 1944 im damals reichsdeutschen Sudetenland geboren,« quasi in der gleichen Situation.

Insgesamt hat also unter freiheitlichen Rahmenbedingungen die Vermeidung von Diskriminierungen einen wesentlichen Sinn und sollte demgemäß auch vorangetrieben werden, da niemand aufgrund von Faktoren, die er nicht beeinflussen kann, benachteiligt werden soll. Wird aus einer Forderung nach Gleichberechtigung indes eine nach faktischer Gleichheit oder gar nach dem Ende der Konkurrenzgesellschaft, schießt man über das Ziel hinaus und erzeugt viele offene Fragen. Die könnte man sogar noch weiterführen, gerade bezogen auf die Geschlechterdebatte. So ist nicht nur Freiheit, sondern auch Erkenntnisfortschritt von der Polarität von Kooperation und Kompetitivität abhängig, und sogar Erkenntnis an sich ist von der Möglichkeit von Unterscheidungen abhängig. Zudem ist die beliebte Argumentationslinie, aus unklaren Grenzziehungen etwa zwischen Männern und Frauen – schließlich lassen sich nicht alle Menschen so zuordnen – die Unmöglichkeit der Grenzziehung zu folgern, logisch wenig ergiebig angesichts des bereits in Kapitel 4 erwähnten Haufen-Paradox. Sonst könnte man auch gleich jegliche Unterscheidungen zwischen verschiedenen Tieren und Pflanzen (oder verschiedenen Möbeln oder verschiedenen Gebäudetypen usw. usf.) für hinfällig erklären, weil es halt unscharfe Grenzbereiche gibt. Damit endet aber auch jede Kommunikation. Und jede Erkenntnis endet auch – auch die Dekonstruierenden haben dann nichts mehr zu erkennen. Mehr noch: Wenn man Frauen und Nicht-Frauen sowie Diskriminierung und Nicht-Diskriminierung wegen unscharfer Grenzbereiche nicht sinnvoll unterscheiden kann, dann kann man auch nichts diskutieren und nichts kritisieren. Dass diese ganze Denkrichtung eher nicht progressiv, sondern vielmehr konservativ bis reaktionär in der Wirkung ist, fällt den meisten nicht auf.

Die wichtigste soziale Verteilungsproblematik ist mit einer innereuropäischen Chancengleichheits-Debatte vielleicht auch gar nicht angesprochen. Die eigentlich »Ungleichen« der bisherigen kontinentaleuropäischen Sozialpolitik sind nicht die abhängig Beschäftigten dergestalt, dass sie niedrigere Löhne als »die Manager« erhalten und ihnen dies substanziell schaden würde. Die primär Unterprivilegierten sind Menschen in Entwicklungsländern. Mehr noch: Die Politik hat bisher keine Antwort auf das Problem gefunden, dass der westliche Sozialstaat und erst recht der Umweltschutz in die beschriebene globalisierungsbedingte Ökonomisierungsfalle laufen könnten, die Freiheit wie beschrieben durch immer größeren Druck und Sachzwänge ad absurdum führen und die Lebensgrundlagen künftiger Generationen dabei zerstören könnte. Die klassischen sozialpolitischen Diskurse deuten daher erneut darauf hin, dass auch jenseits des populistischen Spektrums wohlklingende, aber vereinfachende und nur bedingt problemlösende Zugänge hoch im Kurs stehen. Dass zudem die gängige verteilungsorientierte und damit wachstumsgetriebene Sozialpolitik als solche in einem Spannungsverhältnis zu einer – wir sahen es bereits (in Kapitel 5 und 6) – postwachstumsaffinen Umweltpolitik steht, kommt zu alledem noch erschwerend hinzu. Eine alternative Perspektive dazu, die konsequent auf einen ökologisch-sozialen Rahmen einer demokratisierten internationalen Politik zu setzen versucht, werden wir gegen Ende dieses Buches betrachten (Kapitel 19).

Dennoch: Gerade soziale Verteilungsfragen und besonders Diskurse über Chancengleichheit ermöglichen oft keine einfachen Antworten. Genau das ist im Sinne des vorliegenden Buches aber das Problem. Es sollte nicht versucht werden, hier doch den Eindruck zu erwecken, dass man nur ordentlich zupacken müsse, und schon würde alles ganz klar sein und jede Schwierigkeit sich zugunsten einfacher Diagnosen und Lösungen in Luft auflösen. Wohlgemerkt ließen sich viele weitere Beispiele bilden. Die mit der heutigen Sozialpolitik eng verbundene Eurokrise etwa könnte ebenfalls sichtbar machen, wie von unterschiedlichsten Seiten einfache Wahrheiten angebracht werden: Sowohl Sparkurs als auch Wachstumskurs zur Überwindung der Eurokrise werden erbittert gefordert. Dabei ruhen beide Konzepte auf zweifelhaften Grundlagen – ersterer Weg treibt Länder wie Griechenland möglicherweise immer tiefer in die Krise, letzterer Weg ist mit der Lösung der ökologischen Probleme nur schwer vereinbar.

III.
Verhaltensforschung: Woher kommt die allzu menschliche Neigung zu einfachen Wahrheiten?

9. Wie der Einfluss von Wissen, Werten und Eigennutzenkalkülen überschätzt wird

Eine menschliche Neigung zu einfachen Wahrheiten ist nach dem bisher Gesagten naheliegend, da sie eben nicht rein aktuell erklärt werden kann und offenbar auch jenseits des populistischen Spektrums auftritt. Noch stärker plausibel wird das, wenn man zeigt, dass verhaltenswissenschaftlich eine solche menschliche Grundhaltung naheliegenderweise (oft) zu erwarten ist. Um das zu klären, ist ein intensiver Blick in die Verhaltenswissenschaften nötig.

Bislang dominiert die Vorstellung, einfache Wahrheiten seien eine Frage mangelnden Wissens. Deshalb seien die Wähler Trumps oder der AfD, die Befürworter des Brexit oder Erdoğans eben einfach dumme (weiße) Männer. Würde man ihnen mehr Informationen und mehr Bildung geben, sei das Problem gelöst. Man ist damit bei der Frage, welche Faktoren menschliches Verhalten antreiben und motivieren, die mich andernorts wiederholt ausführlich beschäftigt hat.[1] Dass man methodisch am besten verschiedene Zugänge wie Beobachtungen, Befragungen und Experimente kombiniert, wenn man über menschliche Verhaltensmotive etwas wissen will, habe ich dort ebenfalls erörtert.

Unstreitig wissen verschiedene Menschen – teils kann man auch sagen: in verschiedenen Ländern und verschiedenen sozialen Gruppen – über Sachverhalte wie Migration, Globalisierung, Eurokrise oder Klimawandel unterschiedlich viel. Es gibt sogar viele Dinge, die überhaupt niemand weiß, darunter einige, die voraussichtlich auch künftig niemals ein Mensch wissen wird. Auch mit wissenschaftlichem Hintergrund muss man bei solchen Fragenkreisen oftmals das Vorliegen komplexer Unsicherheit konstatieren. Gerade die Ursachen- und Wirkungszusammenhänge von Währungskrisen oder der Klimawandel und die unüberschaubare Vielfalt der Ökosysteme bieten dafür Beispiele.[2] Dementsprechend ist die exakte Ökobilanz jedes einzelnen gekauften Produkts für einzelne Verbraucher und selbst für Fachleute nahezu undurchschaubar. Und die ganz genauen Ursachenzusammenhänge der Eurokrise vielleicht auch. Aber beweist das, dass die Neigung zu einfachen Wahrheiten, so sehr mangelnde Bildung sie auch begünstigen mag, einfach nur eine Folge mangelnden Wissens ist?

Ein zentraler Grund, warum das wohl kaum so sein kann, ist, dass Faktenwissen keinen normativen Maßstab liefert, ob man handeln soll oder nicht: Dass es einen Migrationsstrom, eine Eurokrise oder einen Klimawandel gibt, besagt für sich genommen noch nicht, dass dieser zwingend von uns verhindert werden muss und wird. Zumal wir ja dafür andere Belange wie im Falle des Klimaschutzes etwa das Wirtschaftswachstum oder die Konsumfreiheit zurückstellen müssten. Dafür bräuchte es entsprechende Werthaltungen. Oder zumindest eigennützige Präferenzen, die jemandem sagen, was er gerne für sich oder für eine von ihm präferierte Gruppe von Menschen wünscht. Oder Gefühle wie Mitleid. Also: Ich will mehr (oder weniger) Klimaschutz. Oder auch: Ich will mehr (oder weniger) Migranten. Allein aus Fakten ergibt sich eine solche Wertung nicht.

Insofern ist es bei näherem Besehen gar nicht so verwunderlich, dass wir häufig einfach ignorieren, dass wir durch unseren ressourcen- und treibhausgasintensiven Lebensstil das Leben und die Gesundheit vieler Menschen in anderen Erdteilen und die künftiger Generationen aufs Spiel setzen.

Oder dass der deutsche Exportüberschuss etwas mit der ökonomischen Situation in anderen Ländern zu tun haben könnte. Oder dass die Migrationsentwicklung maßgeblich mit unserem Konsumverhalten zusammenhängen könnte (Kapitel 7). Von den drohenden existenziellen, weltfriedenspolitischen und ökonomischen Nachteilen für uns selbst mal ganz abgesehen.

Das ist auch deshalb wenig verwunderlich, weil Wissen nicht nur die Normativität fehlt – seine Wirkung unterliegt noch weiteren Restriktionen. Sicherlich herrscht gerade in einem Land wie Deutschland kein Mangel an Informationen, Medienberichten, Diskursen, Tagungen und politischen Debatten. Jedoch ist es eine durch Selbst- und Fremdbeobachtung alltäglich erfahrbare und letztlich banale Erkenntnis, dass der Grad des Interesses an einer Angelegenheit maßgeblich determiniert, ob man sich etwas aneignet, sich Information merkt und sich sogar aktiv Informationen beschafft. Das ist keineswegs ein Resultat der Facebook-Gesellschaft, sondern galt als grundsätzlicher Befund bereits vorher. Angesichts staatlicher Aufklärungskampagnen zur Bedeutung des Euro, zu Migrationsfragen, zum Umweltschutz, intensiver Nachhaltigkeitsbildung sowie umfänglicher Informations- und Beratungsangebote kann zudem die Unwissenheit in vielen Fällen so groß nicht sein, insbesondere in Staaten wie Deutschland, oft aber auch andernorts. Auch experimentell ist die begrenzte Relevanz von Wissen zum Beispiel für Kaufentscheidungen intensiv nachgewiesen worden.[3] Zum Teil hängt das damit zusammen, dass Wissen immer nur ausschnittsweise, vereinfacht und oft verzerrt wahrgenommen wird.[4] Zudem ist bei vielen Verhaltensweisen die Wirkung ziemlich offenkundig. Dass beispielsweise Fliegen und die tägliche Autofahrt zur Arbeit den Klimaschutz wohl eher nicht fördern, ist auch ohne großen Wissensstand halbwegs nachvollziehbar. Wie wenig Wissen allein bewirkt, sieht man ferner daran, dass ausgerechnet ökologisch besonders Informierte statistisch die größeren Ressourcenverbraucher sind – mit steigendem Wohlstand und höherer Bildung nehmen Faktoren wie Flugreisen, Pkw-Fahrten, Wohnungsgröße und Heizverbrauch oder Besitz von Unterhaltungselektronik eher zu.[5]

Gleichgültig ist Wissen deshalb noch lange nicht, aber es wird doch vom menschlichen Wollen deutlich überformt – das beispielsweise dem Euro, der Migration oder dem Umweltschutz häufig mit einer bestimmten Vormeinung begegnen wird. Anders ausgedrückt: Es stimmen eben keinesfalls nur arme, oftmals weniger gebildete Globalisierungsverlierer für einen US-Präsidenten Donald Trump oder für einen Brexit. Die Vorstellung, gegen einfache Wahrheiten würde einfach ein immer größerer Berg Fakten helfen, ist damit, so relevant Fakten auch sein mögen, absehbar bei weitem zu optimistisch. Unsere Fakten-Resistenz ist beachtlich, und unsere normativen Ziele können uns Fakten ohnehin nicht vorgeben.

Das Gesagte untergräbt auch eine ähnliche These, die in etwa lautet: Vielleicht fehlt es vielen Menschen einfach an einem Bewusstsein etwa für die guten Seiten eines geeinten Europa, für Fragen der Migration – etwa was die Lebensbedingungen in den Fluchtländern angeht und unsere Mitverursachung der dortigen Bedingungen – oder der Nachhaltigkeit. Bei alltäglicher Beobachtung bis hin zur Selbstbeobachtung erscheint jene allseits geäußerte Bewusstheit oft eher als Schutzschild gegen echte Verhaltensänderungen denn als Anbahnung großer Verhaltensänderungen. So wird unser ökologischer Fußabdruck seit

Jahrzehnten immer größer oder stagniert auf hohem Niveau, und gleichzeitig bewegen sich die geäußerten Grade an Umweltbewusstsein in Deutschland auf hohem Niveau, ohne dass sich jemand groß an dem Widerspruch zu stören scheint.[6] Vergessen wird auch oft, dass man die Selbstauskunft von Menschen nicht immer für bare Münze nehmen darf. Man kann theoretisch für komplexe Lösungen der Flüchtlingsproblematik sein, aber trotzdem ganz konkret – mit oder ohne Grund – Angst haben, wenn plötzlich schräg gegenüber ein Asylbewerberheim eröffnet wird. Wohlgemerkt betrifft all dies eben nicht nur weniger gebildete Menschen, sondern Menschen generell.

Wissen und Bewusstsein ist zwar nicht ganz genau das Gleiche. Bewusstsein kann neben Faktenwissen auch Werthaltungen einschließen – eben dass man bestimmte Dinge wichtig findet. Etwa Flüchtlingen zu helfen, die EU zu erhalten oder das Klima zu schützen. Das macht zugleich noch etwas deutlich: Neben Faktenwissen sind auch Werthaltungen für menschliches Verhalten relevant, aber auch sie entfalten sehr oft nur eine begrenzte Wirkung, solange sie sich nicht mit anderen, mächtigeren Faktoren verbünden, von denen im weiteren Verlauf noch zu reden sein wird. Insofern ist die Vermittlung von Werten ebenso wie von Faktenwissen kein Faktor, von dem man allein erwarten könnte, dass er das Denken in einfachen Diagnosen und Lösungen zum Verschwinden bringen könnte.

Stärker wird die Relevanz von Wissen und auch von Werten, wenn zugleich massive Eigeninteressen im Spiel sind, etwa an der eigenen Gesundheit. Deswegen sind Kampagnen gegen das Rauchen zumindest in Teilen erfolgreich – wogegen der reine (Wertungs-)Appell, dass wir die Gesundheit unserer Mitmenschen schonen mögen, nur begrenzt verfängt. Gänzlich erfolgreich ist allerdings auch der Verweis auf den Eigennutzen selbst beim Rauchen nicht. Man kann trotz allen Wissens und Wertens durchaus ganz gemütlich weiterrauchen. Und außerdem lässt sich selbst der begrenzte Erfolg der Aufklärung über die Folgen des Rauchens nicht auf Eurokrisen-, Migrations- oder Nachhaltigkeitsfragen übertragen, wo der Eigennutzenbezug weit weniger offensichtlich ist. Mehr noch: Werthaltungen müssen nicht zwangsläufig liberal und universalistisch sein – sie können auch autokratisch, klimaskeptisch oder ausländerfeindlich sein, also das Denken in einfachen Wahrheiten gar offensiv unterstützen. Gleiches gilt für Eigennutzenkalküle. Es kann sich für mich durchaus nützlich anfühlen, ein einfaches Weltbild zu haben, das mir allzu viele Gedanken erspart, andere wie etwa Migranten (und nicht mich selbst) für meine missliche Lebenssituation verantwortlich macht und so weiter.

Wenn also Wissen und Werte uns nur begrenzt motivieren und das manchmal nicht mal der Eigennutzen schafft (und Werte und Eigennutzen selbst in eine problematische Richtung gehen können), wird bereits ansatzweise deutlich, warum einfache Wahrheiten uns sehr häufig nicht allzu fern stehen. Das gilt es im Folgenden weiter zu erhärten. Dass viele einseitig auf Wissen, Werte und Eigennutzen schauen, unterstreicht zugleich erneut, dass der Wissenschaftsdiskurs selbst nicht vor Vereinfachungen gefeit ist. Dazu gehört es zum Bespiel auch, den (meist nur vage definierten) »Neoliberalismus« und damit eine bestimmte Wertelehre vom freien Spiel der Kräfte, die zugleich stark auf Eigennutzenkalküle setzt, für sämtliche Übel der Welt wie Migration, Terror, Klimawandel oder den aufkommenden Populismus quasi alleinverantwortlich zu machen.

Letztlich ist dies lediglich eine Zuspitzung der in Kapitel 3 bereits als relevant, aber doch etwas verkürzend betrachteten Schuldzuschreibung an »die Globalisierung« und deren wirtschaftliche Dynamik. Dass in Wissen, Werten und Eigennutzenkalkülen als kultureller Faktor auch das jeweilige Wirtschaftssystem sichtbar ist, liegt auf der Hand. Allerdings sind an einem Wirtschaftssystem viele beteiligt, neben den gern ins Visier genommenen Unternehmen etwa auch wir alle als Kunden und Arbeitnehmer, und es gibt auch Verhaltensantriebe, die bislang noch gar nicht erwähnt wurden und ein differenziertes Bild nahelegen.

Auch am politischen Rahmen, der »den Neoliberalismus« ermöglicht, sind viele beteiligt, zum Beispiel wir alle als Wähler. Gesellschaftliche Entwicklungen geschehen eben immer in einem Wechselspiel verschiedener voneinander abhängiger Akteure. Auch Unterteilungen in Täter und Opfer sind dabei oft zu einfach. Denn selbst eine Diktatur hätte nicht lange Bestand, wenn nicht eine erhebliche Zahl von Menschen sie als zumindest in Teilen vorteilhaft für sich erleben würde. Übergeht man das, produziert man erneut eine wohlfeile Vereinfachung.

10. Die Macht von Gefühlen und Normalitätsvorstellungen – zu Lasten von rationalen Eigennutzen- und Moralerwägungen

Nicht allein Wissen, Eigennutzenkalküle und Werthaltungen beeinflussen menschliches Verhalten. Es gibt weitere Faktoren, die betrachtet werden müssen, wenn wir die

Omnipräsenz des Phänomens einfache Wahrheiten verstehen möchten. Auch Pfadabhängigkeiten beeinflussen zum Beispiel menschliches Verhalten, also dass wir uns etwa eben nun mal in einem bestimmten Wirtschaftssystem befinden, in einem bestimmten Umfeld leben und dadurch manche Entscheidungen für uns schwieriger zu treffen sind als andere. Wobei all das natürlich Bürger, Lobbyisten, Journalisten, Unternehmer und Politiker gleichermaßen betrifft, einfach weil das ja alles Menschen sind. Das hat mich andernorts wiederholt beschäftigt, als ich zu den Bedingungen sozialen Wandels und den Antrieben menschlichen Verhaltens geforscht habe.[7] Eine wesentliche Erkenntnis war dabei auch, dass sich alle Akteure gegenseitig beeinflussen und dass vermeintlich strukturelle Erklärungen wie »der Kapitalismus ist schuld« auch wieder zu den gleichen Kategorien Eigennutzen, Werthaltungen und so weiter zurückführen. Denn auch der Kapitalismus entstand aufgrund bestimmter Eigennutzenkalküle und Werthaltungen, verkörpert sie anhaltend und wird durch sie am Laufen gehalten – zum Beispiel durch unser aller Interesse an Wohlstand und Arbeitsplätzen und das Absatzinteresse von Konzernvertretern. Eher irreführend ist deshalb auch die Trennung von vermeintlich äußerlich und vermeintlich rein autonom geprägten Motiven (extrinsisch versus intrinsisch), da schlussendlich alles, was Menschen tun, von irgendjemandem oder von irgendetwas beeinflusst ist. Doch welche weiteren Faktoren jenseits der genannten Aspekte sind für menschliches Verhalten und speziell für die Erklärung der Neigung zu einfachen Diagnosen und Lösungen relevant?

Gemeint sind nun Faktoren, die im Gegensatz zu den genannten Aspekten eher halbbewusst oder sogar unbewusst unser Verhalten motivieren, die also immer dann übersehen werden, wenn man sich Menschen als ständig voll bewusst und kalkulierend agierende Wesen vorstellt. Zu nennen sind hier zunächst Normalitätsvorstellungen, also Vorstellungen davon, was als »normal« zu gelten hat, die anders als Werthaltungen allerdings weniger bewusst und auch argumentativ weniger erreichbar sind. Dass Menschen im Wechselspiel mit anderen Normalitätsvorstellungen ausprägen oder in ihrer Sozialisation annehmen, so wie sie auch Werte und Eigennutzenvorstellungen ausprägen und annehmen, ist ebenso offensichtlich wie der Umstand, dass sich diese Vorstellungen nur langsam wandeln – dass sie aber in ziemlich unterschiedliche Richtungen geprägt sein können. Man kann eine migrantenfreie Kleinstadt »normal« finden (oder umgekehrt einen multikulturellen Stadtteil), bei Rot an der Ampel auch in Abwesenheit von Autos stehen zu bleiben, bestimmte Grußformeln zu gebrauchen oder nicht – und Frauen in Miniröcken oder alternativ mit Kopftüchern. Also können auch Weltbilder, die mit dem Denken in einfachen Wahrheiten assoziiert sind, durch Normalitätsvorstellungen mit fundiert werden.

Die wohl größte Relevanz für das Verständnis des Phänomens einfache Wahrheiten dürfte der Faktor Gefühle haben. Um diesen soll es jetzt näher gehen. Dabei ist zu bedenken, dass unsere Verhaltensantriebe jeweils eine *kulturelle* Seite – die auch das Wirtschaftssystem und den technischen Entwicklungsstand einschließt, etwa die Existenz von Facebook – und eine *evolutionsbiologisch* verankerte Seite haben (näher Kapitel 11). Ist letzteres der Fall, ist nicht davon auszugehen, dass ein Faktor eben als Kulturfaktor allein auf eine bestimmte soziale Gruppe oder Zeit begrenzt ist. Gemeint ist mit Kultur hier die Gesamtheit der Praktiken, Sitten und Gebräuche, die gerade nicht angeboren, sondern sozial erworben sind. Jeder einzelne der für Verhalten und Wandel relevanten Faktoren enthält also wahrscheinlich neben biologisch induzierten Prägungen auch kulturelle Einflüsse, die im Prozess der Sozialisation beim Einzelnen verankert werden. Diese Einflüsse bestimmen, was als normal gilt, was eigennützig attraktiv ist, in Ansätzen können sie sogar Emotionen in eine bestimmte Richtung lenken, und Werthaltungen sind ohnehin unschwer als Ausdruck kultureller Elemente erkennbar.

Die Neigung zu einfachen Wahrheiten wird sicherlich kulturell durch die bekannten und bereits geschilderten Entwicklungen wie Digitalisierung und Globalisierung begünstigt. Andererseits ist die Vereinfachung wohl schon evolutionsbiologisch eine menschliche Strategie, mit einer vielfältigen Welt klarzukommen und sie sich überschaubar zurechtzulegen, vermutlich beim einen mehr und beim anderen etwas weniger. Omnipräsente menschliche Gefühle wie Bequemlichkeit, Gewohnheit, Verdrängung, Beiseiteschieben von nicht zu den eigenen Vorurteilen passenden Eindrücken spielen dabei eine zentrale Rolle. Nur sind diese Neigungen eben nicht auf Populisten beschränkt. Dem ist jetzt im Einzelnen nachzugehen, wobei zunächst die Gefühle als solche und im nächsten Kapitel dann der evolutionsbiologische Entstehungszusammenhang schwerpunktmäßig betrachtet werden.

Der menschliche Motivationsfaktor Gefühle ist gut erforscht. So ist vielfältig beobachtbar und dokumentiert, dass zum Beispiel zur Verfolgung eines Ziels gerade nicht das effektivste Mittel gewählt wird, zum Beispiel aufgrund eines durch subjektive Gefühle überformten Wissens. Dass die Konkurrenz verschiedener Ziele unsere nicht-kalkulierende Seite nicht allein erklärt, sieht man schon daran, dass auch Ziele keineswegs immer bewusst begründeten Werten oder eigennützigen Präferenzen entsprechen[8], wie es bestimmte wirtschafts- und politikwissenschaftliche Stereotypen[9] suggerieren. Aus alltäglicher Selbst- und Fremdbeobachtung geläufig sind Neigungen beispielsweise zu Gewohnheit, Bequemlichkeit, Verdrängung, Geltungsdrang und Selbsterhaltung (Gefühle sind ja nicht nur Liebe, Hass oder Neid; sie meinen vielmehr die Gesamtheit irrationaler Neigungen und Antriebe.) Außerdem kennen wir den Wunsch nach Anerkennung und Vertrauen, nach Komplexitätsreduktion und Faustregeln. Wir glauben gerne an Geschichten wie etwa einfache Welterklärungen (notfalls bis hin zu Verschwörungstheorien) und tun uns gleichzeitig oft schwer mit großer Komplexität. Lieber verallgemeinern wir anekdotische Eindrücke aus unserem näheren Umfeld und folgen eventuell auch einem religiösen Empfinden, wobei wir störende Eindrücke beiseiteschieben. Wir suchen nach dem eigenen »Rang« und lassen durch eine eingeschränkte subjektive Wahrnehmung die Überformung unseres Wissens, unserer Werte und sogar unseres Eigennutzens zu. Damit sind genau die Fundamente einer Neigung zu einfachen Wahrheiten, also zu vereinfachenden Analysen und Lösungswegen, als menschliche Grundtendenz identifiziert: Pointiert gesprochen reden wir über eine Neigung zur Unterkomplexität, die gemeinsam mit einer Neigung zur Verdrängung und zu Ausreden zugleich unsere Bequemlichkeit und oft auch Gewohnheit schützt, indem sie uns eine Relativierung eingewöhnter Perspektiven erspart. Schauen wir uns diese Aspekte einmal etwas näher an und plausibilisieren wir entsprechend früheren Darlegungen[10] zu Gefühlen den Befund weiter, am besten mehrfach, weil es sich ja um ein weitgehend unbewusst ablaufendes Phänomen handelt:

Die Existenz gerade von Gewohnheiten, von Bequemlichkeit und kurzsichtiger Unterkomplexität zeigt sich bereits in Befragungen sowie in Experimenten an (bei denen Spieler zum Beispiel nicht die leicht ausrechenbare gewinnträchtigste Methode des Spielens wählen[11]), ebenso in Alltagsbeobachtungen bis hin zu historischen Ereignissen und zur Selbstbeobachtung.[12] Viele Verhaltensweisen wären unerklärlich, wenn Menschen durchgängig bewusst kalkulierend und eigennützig wären. Und es drückt auch nicht jede Verhaltensregung gleich eine Normalitätsvorstellung aus. Auch soziobiologisch ist die Annahme starker emotionaler Antriebe plausibel, weil die Welt letztlich zu komplex ist, um komplett rational erfasst und kalkuliert werden zu können (im Kapitel 11 betrachten wir noch etwas näher, dass das Gesagte gerade zur biologischen Herkunft des Menschen passt).[13]

Die Struktur von heutigen gesellschaftlichen Problemen wie Eurokrise, Migration oder Klimawandel begünstigt noch einmal besonders das Wirksamwerden von Gefühlen, auch hier wieder im eher hinderlichen Sinne.[14] Dem bewusst kalkulierten Handeln stellt sich gerade bei den genannten Beispielen (aber auch sonst) ein hohes Maß an Unsicherheit über die genauen Vor- und Nachteile eines Tuns oder Unterlassens in den Weg, die neben Normalitätsvorstellungen auch emotionale Orientierungen als Kompass stark werden lassen.[15] Man kann nur schwer ein emotionales Verhältnis herstellen zu nicht nur unsicheren, sondern auch noch räumlich und zeitlich entfernten, unsichtbaren, in hochkomplexen Kausalitäten verursachten und daher nur schwer vorstellbaren[16], zudem mit anderen Problemen verknüpften und nur durch ein systemisches Denken auflösbaren gesellschaftlichen Fragen. Dagegen sind die konkreten Vorteile der täglichen Autofahrt zur Arbeit hier und heute sehr gut fühlbar. Oder dass jetzt ein Asylbewerberheim in meiner Nachbarschaft ist und dort Menschen herumlaufen, die mir fremdartig vorkommen und damit Ängste vor Ungewohntem in mir wecken.

Dazu kommt eine gewisse menschliche Neigung, eher Nachmacher als Vormacher zu sein und auf angebliche Autoritäten – und damit gegebenenfalls auch auf klassische Agenten einfacher Wahrheiten – zu vertrauen. Dies dokumentiert sich etwa in der experimentellen Psychologie, etwa im berühmten Milgram-Experiment, wo Probanden – mit analogen Ergebnissen in unterschiedlichen kulturellen Kontexten – auf Anweisung einer angeblichen Autoritätsperson zum Zwecke der Erkenntnisgewinnung über Lernprozesse unter Strafandrohung Versuchspersonen mit Stromstößen bestrafen und am Ende (vermeintlich) töten.[17] Offenkundig können Menschen auch handfeste eigene Einflüsse relativ gut verdrängen, wenn ihnen das unter Anleitung einer Autorität schöne einfache Handlungsperspektiven eröffnet. Dass wir Europäer einen großen Anteil an Migrationsbewegungen haben – siehe das Terror-Kapitel –, fällt dabei offenbar nicht weiter auf. Ebenfalls in Richtung Gruppengefühl und Herdentrieb wirkt das von diversen Seiten konstatierte menschliche Streben, sich Anerkennung bei anderen Menschen zu verschaffen, die einem Identität und einen Platz im sozialen Netzwerk zuweisen. Verstärkt werden könnte all dies wohl dadurch, dass Menschen im säkularen Zeitalter mitunter Sinnlosigkeitsgefühle haben und diese materiell zu kompensieren versuchen.[18] Dafür könnte der geradezu sakrale Charakter sprechen, mit dem viele Menschen heute beispielsweise Fernreisen als vermeintlichem Sinnstifter umgeben. Oder sich nach einer klaren Nation zurücksehnen, die ihren Mitgliedern in scharfer Abgrenzung zu anderen eine vermeintlich unhinterfragbare Identität verleiht.

Weitere emotionale Faktoren wie ein menschlicher Abwehrreflex bei Kritik begünstigen ebenfalls eine Neigung zu einfachen Wahrheiten: Wer fasst sich schon gern an die eigene Nase, wer will die eigenen klimaschädlichen Urlaubsflüge debattiert wissen oder wird gar politisch gegen die eigene klimazerstörerische Lebensweise aktiv, wenn ihn doch eigentlich das Asylbewerberheim nebenan und nicht dessen Ursachen unmittelbar interessieren? Lieber lege ich mir doch die Welt so zurecht, dass von mir selbst nichts verlangt wird, ich selbst alles richtig mache und irgendwelche anderen (die Politiker, die Konzerne, die Asylbewerber und so weiter) das Problem sind. Das ist angesichts der Wechselbezüglichkeit menschlichen Handelns zwar meist wenig plausibel, doch selbst wenn ich das ansatzweise bemerken sollte, kann ich immer noch bei meinen einfachen Wahrheiten bleiben. Menschen sind nämlich oft sehr widersprüchlich, und zwar nicht nur Trump-Wähler – sowohl hinsichtlich ihrer verschiedenen Einstellungen als auch hinsichtlich ihrer Einstellungen einerseits und ihres Verhaltens andererseits. Man ist beispielsweise für Nachhaltigkeit und für Fluchtursachenbekämpfung, leistet sich aber trotzdem regelmäßige Urlaubsflüge und einen hohen Konsum tierischer Nahrungsmittel. Oder wir wollen in der Eurokrise mehr Wirtschaftswachstum und fordern gleichzeitig viel mehr Klimaschutz, der in letzter Konsequenz die Wachstumsgesellschaft untergräbt (Kapitel 5). Diese seltsamen Widersprüche überdecken wir, indem wir Ausreden erfinden, negative Handlungen vermeintlich vergessen und positive Handlungen künstlich aufblasen oder gar dazuerfinden.[19] Solche Strategien, auch als kognitive Dissonanzvermeidung bezeichnet, sind auch in Experimenten gut dokumentiert.[20]

In der Tradition der Psychoanalyse seit Sigmund Freuds Tagen könnte man außerdem als spezifische Ausprägung des Faktors Gefühle fragen, ob seelische Verletzungen in der individuellen Lebensgeschichte kompensatorisch zu einer besonderen Neigung zu einfachen Wahrheiten führen. Also: Weil mein trinkender Vater mich als Kind immer verprügelt hat, suche ich mir selbst jetzt jemanden, auf den ich sauer sein kann. Zum Beispiel die Ausländer – oder die Klimaforscher, die mir meine größte Freude, den Urlaubsflug, nehmen wollen. Das mag mitunter in der Tat so sein; es bildet letztlich die bereits besprochenen emotionalen Faktoren wie Verdrängung, Ausreden und kognitive Dissonanzvermeidung ab. Das bedeutet allerdings nicht, dass es aussichtsreich wäre, jetzt virulente Teile der Weltgesellschaft auf die Freudsche Couch zu legen. Die eventuell therapeutisch steigerbare Empathie mag vielleicht bei ausreichender eigener Befriedigung von Wünschen wie dem nach Anerkennung et cetera in gewissem Maße zu Verhaltensweisen wie Rücksichtnahme gegenüber Freunden verhelfen. Jedoch sind die beschriebenen emotionalen Faktoren hinter den einfachen Diagnosen und Lösungen ziemlich offenkundig nicht auf Menschen beschränkt, die an mangelnder Liebe leiden. Zudem ist der Ausgleich vielfältiger kollidierender Interessen gerade über große räumliche und zeitliche Entfernungen – wie heutige gesellschaftliche Probleme wie Migrationskrise, Eurokrise oder Klimawandel es nötig machen – ein viel zu kompliziertes Unterfangen, als dass man annehmen könnte, es existiere bei einem therapierten Menschen ein untrügliches Gefühl für die gerechte Konfliktlösung.

Das Zusammenspiel von Eigennutzenkalkülen, Normalitätsvorstellungen und Emotionen sowie der plausiblen evolutionsbiologischen Grundierung der genannten Faktoren macht auch totalitäre Entwicklungen wie in der NS-Zeit einschließlich deren Basierung auf einfachen Wahrheiten respektive völlig verdrehten Fakten-Diagnosen und »Lösungen« umfassender plausibel[21], als wenn man ausschließlich auf offenkundige Faktoren wie einen verlorenen Ersten Weltkrieg, die Weltwirtschaftskrise und die antisemitische Tradition verweist. Solche ereignisgeschichtlichen und kulturellen Faktoren sind relevant; konkret prägen sie etwa Werthaltungen und Eigennutzenkalküle. Man muss jedoch die emotionale Logik einbeziehen, mit der Menschen Anerkennung suchen, sich zur eigenen Selbsterhebung Sündenböcke suchen, schlimme Entwicklungen verdrängen können, Komplexität reduzieren, Ausreden für eigenes Verhalten suchen und ihre Normalitätsvorstellungen schrittweise in andere (bis hin zu völlig menschenfeindlichen) Richtungen verschieben. Eine Rolle spielen auch teilweise gewalttätige Grundtendenzen der menschlichen Gattung, die uns unter evolutionsbiologischen Gesichtspunkten noch beschäftigen werden. Das Gesagte macht zugleich klar, dass wir bei der Erklärung einfacher Diagnosen und Lösungen nicht über pathologische menschliche Seiten sprechen, selbst wenn sie in eine totalitäre Abneigung offener Gesellschaften mit verbrecherischen Konsequenzen führen. Es geht vielmehr um uns ganz normale Menschen. Verdrängungen, Normalitätsvorstellungen und so weiter werden in totalitären Regimen wie dem Nationalsozialismus oder dem Stalinismus dabei für die Ziele des Systems nutzbar gemacht.

Dass wiederum die Befürwortung der offenen Gesellschaft es schwerer haben könnte, die Befriedigung einiger menschlicher Neigungen zu bedienen, ist leider eine absehbare weitere Konsequenz des Gesagten. Denn wie schon angesprochen und später weiter vertieft (Kapitel 12), ist eine offene Gesellschaft gerade durch komplexe, differenzierte, möglichst vorurteilsarme Entscheidungen gekennzeichnet. Genau dahin scheinen einige unserer wichtigen Antriebe aber eben nicht zu weisen. All das muss nicht heißen, dass Gefühl und Vernunft nicht auch konstruktiv zusammenwirken könnten. Rein faktisch wirken wie gesehen ohnehin verschiedene, auch sich widersprechende, Verhaltensantriebe im Menschen gleichzeitig. Und auch jenseits des rein Faktischen können Gefühle auch das Finden »richtiger« Antworten tatsächlich erleichtern. Gefühle sind gerade dort unentbehrlich, wo sie Lücken des rational Erkennbaren füllen. Dort, wo sie die Vernunft überlagern, wie dies bei den einfachen Wahrheiten gerade geschieht, wird es jedoch problematisch.

11. Evolutionsbiologische und kulturelle Anteile an der Neigung zu einfachen Wahrheiten – und wie kooperativ sind Menschen?

Die menschlichen Gefühle und damit zugleich die begrenzte Relevanz von Faktoren wie Wissen und Werten (auf die im Kampf gegen Populismen gern gesetzt wird) sind wie angeklungen mit hoher Wahrscheinlichkeit originärer Ausdruck der menschlichen Evolutionsgeschichte. Näher hat sich diesem Faktor in den letzten Jahrzehnten die Soziobiologie gewidmet[22], welche die Evolutions- und Genforschung weiterführt und explizit auf die Erklärung gesellschaftlicher Gegebenheiten anwendet.

Die Soziobiologie erklärt insbesondere das menschliche Eigennutzenstreben und emotionale menschliche Neigungen vor ihrem angenommenen biologischen Hintergrund. Man betritt mit der Scheidung Biologie versus Kultur eine Ebene hinter den Verhaltensantrieben. Denn man kann für die menschlichen Gefühle oder den Eigennutzen wie auch für mögliche andere Verhaltensantriebe fragen, ob sie stammesgeschichtlich oder eher kulturell gewachsen sind. Biologische Zugänge zu Verhalten und Wandel leugnen die Relevanz des Faktors Kultur nicht, versuchen aber gleichwohl, menschliches Verhalten manchmal ziemlich weitgehend durch genetische Anlagen zu erklären. Dass der Mensch einem Evolutionsprozess entstammt und somit kompetitive, eigennützige Eigenschaften hat, ist dabei eine ebenso zentrale wie naheliegende Feststellung. Die heutigen Menschen sind die Nachkommen von Menschen, die sich in der Partnerwahl und im Wettbewerb verschiedener Kleingruppen unter Wildnisbedingungen durchgesetzt haben. Dabei spielten Faktoren wie Gruppengefühl, Ausblendung ohnehin nicht beeinflussbarer Komplexitäten, Daumenregeln oder Kooperation in einem auf eine Kleingruppe begrenzten Umfang eine wesentliche Rolle.[23]

Neben der Notwendigkeit sozialer Koordination macht auch die (Über-)Komplexität der Welt plausibel, dass Menschen in der Evolution eine Befähigung zu Orientierungssystemen wie Emotionen ausgebildet haben, denn ein bewusstes (eigennütziges oder wertbezogen-altruistisches) Kalkulieren sämtlicher Aspekte menschlicher Entscheidungen wäre kaum möglich. Anerkennungssuche, Kurzzeitdenken oder Bequemlichkeit können so als Faktoren gedeutet werden, die den Blick auf das fürs Überleben – das unter Steinzeitbedingungen stets prekär war – Wesentliche lenken und den Zusammenhalt untereinander stärken. Die Grundkonstellation des menschlichen Zusammenlebens, die Komplexitätsreduktion, Vereinfachungen, Verdrängung und weitere eben genannte Faktoren wurden so zu regelmäßig wiederkehrenden menschlichen Universalien. In ihrer Emotionalität gerade in den genannten Faktoren (und auch im latenten Eigennutzenstreben) scheinen sich die Menschen weltweit zu gleichen. Das unterstreicht den evolutionsbiologischen Hintergrund. Das macht es wahrscheinlich, dass diese Neigungen eben nicht auf Populisten beschränkt sind; und sie hatten evolutionär sogar einen gewissen Sinn, auch wenn ein stetig zunehmender Grad an Unterkomplexität heute fatale Folgen haben könnte. Banal ist das Gesagte in jedem Falle nicht – denn die Rede von einfachen Wahrheiten als solche ist zwar nicht komplett neu, doch verorten gerade gebildete Kreise sie gemeinhin eher bei einem imaginären Pöbel, aber keinesfalls bei sich selbst und in der Mitte der Gesellschaft.

Die Gefahr, dass Menschen einfachen Wahrheiten nachlaufen, sich Sündenböcke suchen und Gruppen-Feindbilder aufbauen, ist soziobiologisch betrachtet auch wegen der begrenzten menschlichen Kooperationsneigung bemerkenswert. Kooperation setzt noch heute weit überwiegend auf eng abgesteckte, direkte oder indirekte Gegenseitigkeit: über Gegenleistungen oder Reputation, über das Sich-Aufopfern für eine dann insgesamt erfolgreichere Gruppe (und sei es in harmloser Form in Sportwettkämpfen), über das Begünstigen von Verwandten und ähnliche Wege. Gemessen daran sind gesellschaftliche Großprobleme wie Flüchtlingskrise, Eurokrise oder Klimawandel meist zu abstrakt. Dabei gab es bereits lange vor dem Erscheinen kultureller Formationen wie dem modernen Kapitalismus ein gesellschaftliches Zusammenleben mit Eigennutzen, großen Einkommensunterschieden und Machtverhältnissen, und zwar weltweit, ob nun in der Antike, im Mittelalter, in der Frühen Neuzeit oder in außereuropäischen Hochkulturen, also gerade nicht kulturabhängig.

Menschen kooperieren heute wie auch früher und hierzulande wie auch weltweit keineswegs ständig. Schon dies spricht dagegen, das menschliche Eigennutzenstreben allein als Folge kapitalistischer Rahmenbedingungen statt auch als biologische Konstante zu deuten – und sich im marxistischen Stil von einer (sofern überhaupt möglichen) völligen Aufhebung sozial-ökonomischen Drucks die Entstehung eines völlig neuen Menschentypus zu erhoffen. Auch die weltweite Begeisterung von Menschen für Sportwettbewerbe, in denen konkurrierende Gruppen wie Fußballteams unter allseitiger Begeisterung gegeneinander antreten, passt zur erwähnten menschlichen Neigung zum Gruppenegoismus, die gerade nicht einem bestimmten Wirtschaftssystem geschuldet ist und die die Kooperation auf eine kleine Gruppe begrenzt. Treffend dürfte sein, bei Individual- und Gruppenegoismus gleichermaßen von historischen Wellenbewegungen zu sprechen. Für den Klimaschutz ist beides gleich fatal. Für Demokratie und Frieden und ihre Dauerhaftigkeit möglicherweise auch. Zwar hat ein ökonomisches Eigeninteresse an Wohlstandssteigerung bei allen Beteiligten historisch die Demokratie maßgeblich mit entstehen lassen – doch stößt dies in einer Welt, die nach globalem Ausgleich verlangt, an Grenzen, und unser Egoismus trifft eben auch mit bestimmten Gefühlen zusammen, die das hinreichend komplexe Angehen gesellschaftlicher Probleme zu einer großen Herausforderung machen (Kapitel 12).

Verabsolutieren sollte man den evolutionsbiologischen Erklärungsanspruch freilich nicht. So zeigt die Variabilität menschlichen Lebens auf der Erde, dass Menschen eine Kultur ausprägen. Und diese verschiedenen Kulturen können dann für den Einzelnen in durchaus unterschiedliche Richtungen handlungsleitend werden. Letztlich greifen offenkundig kulturelle und biologische Elemente bei der Genese menschlichen Verhaltens in oft nicht ganz klarer Weise ineinander. Und keinesfalls ist es so, dass biologische Einflüsse per se unweigerlich prägend wären, wogegen kulturelle Faktoren sich ändern ließen.[24] Um dies nachweisen zu können, weiß man schlicht zu wenig über das genaue Wirken der Gene und überhaupt über den Inhalt des menschlichen Genmaterials.[25] Dennoch macht der universal wiederkehrende Charakter der genannten menschlichen Grundeigenschaften und ihr Passen zu dem, was wir über die Evolution wissen, es sehr wahrscheinlich, dass wir es bei den vorliegend interessierenden menschlichen Grundemotionen mit evolutionsbiologisch grundierten Faktoren zu tun haben – und dass diese angesichts kultureller Überformungen zwar nicht in Stein gemeißelt sind, aller Wahrscheinlichkeit nach aber auch nie gänzlich beiseite zu schieben sind.

Nun erhalten die Soziobiologen seit einiger Zeit Unterstützung durch die Neurowissenschaften, die die biologische Basis menschlichen Verhaltens mit großer medialer Aufmerksamkeit weiter zu erhellen versuchen. Anhand bildgebender Analyseverfahren möchte diese Forschungsrichtung Einblicke in die menschliche Gehirnstruktur nehmen und daraus auch umfassende, zwingende und gegebenenfalls gar abschließende Schlussfolgerungen über menschliche Verhaltensantriebe ableiten. Diesen sehr weitgehenden Anspruch haben bereits viele Hirnforscher selbst[26] durch eine umfassende Kritik der Hirnforschung auf ein sehr viel bescheideneres Maß zurückgestutzt. Das Gehirn ist letztlich durch ein zu komplexes Zusammenwirken verschiedener Areale bestimmt, die meisten Hirnareale werden für völlig unterschiedliche Handlungsantriebe aktiviert, und die Bildgebung ist relativ ungenau, denn sie misst Hirnaktivitäten über Blutflüsse. Wo im Gehirn genau welche Antriebe entstehen, ist schlicht noch nicht klar. Zudem ist die Art der Repräsentanz des Geistes in der (hier: Gehirn-)Materie unverändert in einem fundamentalen Sinne unklar. Thomas Nagel hat dieses jahrtausendealte Leib-Seele-Problem so umschrieben: Selbst wenn man alles über das Gehirn einer Fledermaus wüsste, wüsste man vermutlich immer noch nicht, wie es sich aus der Innenperspektive anfühlt, eine Fledermaus zu sein.[27] Die Hirnforschung aber hat eine gewisse Tendenz zu übergehen, dass der menschliche Geist nicht auf ein physisches Abbild im Gehirn reduziert werden kann, sondern vielmehr Gehirn-Materie und Geist sich wechselseitig zu beeinflussen scheinen.

Vor diesem Hintergrund ist die weitreichende These aus der Hirnforschung wenig überzeugend, ein in der physikalischen Welt der Kausalitäten beheimateter Mensch könne notwendigerweise keine Willensfreiheit haben – was dann ein Bekämpfen einfacher Wahrheiten notwendig aussichtslos machen würde, so wie jedweden anderen gesellschaftlichen Wandel auch. Vielmehr weist gerade die im letzten Absatz beschriebene Wechselwirkung darauf hin, dass die Willensfreiheit ein paradoxes und damit letztlich gegenstandsloses Problem darstellen dürfte: Gäbe es die Willensfreiheit nicht, bräuchte und könnte man auch nicht sinnvoll über sie streiten – oder überhaupt über irgendetwas im Leben streiten. Darüber helfen auch keine hirnforscherischen Experimente hinweg, die zeigen, dass man im Gehirn etwas beobachten kann, wenn ich einen Gedanken fasse. Sicher trifft dies zu. Doch niemand sagt, dass die Wirkung nur in die eine Richtung, sozusagen von der Hirnmaterie zum Gedanken hin, läuft.

Insofern kann man zumindest eines nicht behaupten: dass die offene Gesellschaft oder ihr Gegenteil aufgrund einer steinzeitlichen Hirnstruktur für einen ohnehin nicht willensfreien Menschen einfach so vorgegeben sei, dass man darüber gar nicht sinnvoll weiter reden könne. Darüber reden und nachdenken und sich bemühen kann man schon – gewisse (unter Umständen fatale) Grenzen sind aber gleichwohl nach dem Gesagten wahrscheinlich, wenngleich wir auch nicht umgekehrt »zur Diktatur determiniert« sind. Und jedenfalls wird der Befund einer menschlichen Grundtendenz zu einfachen Diagnosen und Lösungen nach alledem nicht nur wegen der begrenzten Erklärungskraft aktueller Faktoren (Digitalisierung, Globalisierung) und des Auftretens einfacher Wahrheiten auch jenseits populistischer Politikfelder plausibel. Es passt auch zu den menschlichen Verhaltensantrieben wie etwa unserer Emotionalität – die ihrerseits nicht nur aus Beobachtungen erhellt, sondern auch biologisch als naheliegende Folge der Evolutionsgeschichte plausibilisiert werden kann.

Emotionen, wie sie zugunsten einfacher Wahrheiten wirken, verweisen nach dem Gesagten auf biologische Grundlagen. Die wiederum lassen sich zwar gegebenenfalls überformen, aber kaum völlig eliminieren. Bereits neue

Normalitätsvorstellungen sind nicht wirklich am Reißbrett planbar. Erst recht werden grundsätzliche emotionale Ausstattungen des Menschen wie unsere Tendenzen zur Bequemlichkeit, Gewohnheit, Verdrängung, anekdotischem Wissen, Unterkomplexität, Neigung zu Sündenböcken oder Desinteresse an raumzeitlich komplexen Problemen nur unter größten Schwierigkeiten zu relativieren sein. Immerhin kann der einzelne Mensch Gefühle im Einzelfall teilweise (allerdings nicht immer und nicht vollständig) kontrollieren und überprüfen, und man kann Aspekte wie das Mitgefühl anzusprechen versuchen.[28] Politische Maßnahmen, die das begünstigen, sind jedoch nur sehr begrenzt möglich. Wenn man genau dieses Problem versteht, kann man sich selbst Brücken zu bauen versuchen, indem man sich Bündnispartner sucht, mit anderen diskutiert, Allianzen schmiedet, sich Vorbilder sucht und Alternativen im persönlichen Rahmen ausprobiert. Nur erzwingen lässt sich das eben kaum. Die Politik kann der Verdrängungsneigung zwar kaum an sich begegnen, aber sie kann sie mitunter relativieren; auch aus Experimenten ist geläufig, dass das Erzwingen aktiver Entscheidungen Verdrängungsprozesse durchbricht.[29] Und man kann die Gefühle durch eine positive Vision oder Geschichte ansprechen.[30] Dass die offene Gesellschaft mit ihren differenzierten Problemlösungen ohne Weiteres eine solche Geschichte ergibt, die jeden spontan stärker anspricht als eine Perspektive mit Sündenböcken, einfachen Analysen und Lösungen und so weiter, kann man allerdings nach aller historischer Erfahrung kaum annehmen.

Das bedeutet nicht, dass hier einer biologischen Determiniertheit des Menschen das Wort geredet wurde. Das wurde soeben ausdrücklich und in aller Deutlichkeit negiert; vielmehr tragen wir ein veränderbares, kulturelles Element als Basis von Lernfähigkeit in uns. Doch stößt Lernen und Sich-Wandeln bei unseren Emotionen an Grenzen, anders als etwa bei Werthaltungen, der genauen Stoßrichtung unserer Eigennutzenkalküle und Normalitätsvorstellungen, die von Natur aus starke kulturelle Anteile haben, wenngleich ihre grundsätzliche Existenz wieder dem Menschen als Menschen eigen sein dürfte (und auch diese Faktoren lassen sich nicht beliebig auf Knopfdruck ändern, wie an anderer Stelle näher Thema war[31]). Entwicklung ist also möglich, wie ich andernorts näher betrachtet habe.[32] Nur just bei den Emotionen wird es schwierig. Und genau sie sind der Kern des Problems bei den einfachen Wahrheiten.

IV.
Freiheit, Demokratie, Rationalität: Warum einfache Wahrheiten die Demokratie untergraben

12. Demokratie braucht Komplexität und Differenzierung – halten wir das aus?

Wenn wir das bisher Gesagte zusammenfassen, können wir Folgendes feststellen. Eine Neigung zu einfachen Wahrheiten wird aktuell durch diverse Entwicklungen begünstigt, ist in ihren verschiedenen emotionalen Schattierungen aber aller Wahrscheinlichkeit nach dem Menschen an sich eigen. Dafür sprechen nicht nur die begrenzte Erklärungskraft aktueller Entwicklungen und Beispiele aus nicht originär populistisch geprägten Politikfeldern, sondern auch verhaltenswissenschaftliche Befunde.

Damit nähern wir uns der Kernthese dieses Buches. Wenn bestimmte Neigungen zur Unterkomplexität einschließlich deren Tendenzen zum Autoritarismus (Kapitel 10 und 11) nicht rein zeitgebunden, sondern dem Menschen als Menschen inhärent sind, läuft die freiheitliche Demokratie Gefahr, historisch eher der Ausnahmefall als die Regel zu bleiben. Denn die freiheitliche Demokratie verträgt weder Beliebigkeit noch definitive einfache Antworten auf alle Fragen, und erst recht verträgt sie kein allzu williges Folgen gegenüber auch seltsamen Autoritäten wie im Milgram-Experiment (Kapitel 10). Sie besteht vielmehr in einem komplexen System, das die Selbstbestimmung des einen mit der Selbstbestimmung des anderen kompatibel werden lässt, wobei sich wechselseitig ausbalancierende Entscheidungsinstanzen, die denkende und abwägende Mitwirkung der Menschen an den Entscheidungen (anstelle bloßer Herrschaftsunterworfenheit) und abgeschichtete Lösungen charakteristisch sind. Die politische Strömung, die entschlossen durchgreift und scheinbar auf alles eine Antwort zu haben behauptet und immer einen klaren Schuldigen kennt, obwohl sowohl die Faktenlage als auch die normative Beurteilung der Situation womöglich viele Grautöne, Klärungsbedarfe und schmerzliche Abwägungs- und Kompromisserfordernisse hervorbringt sowie zeitraubende Abstimmungs- und Kontrollprozesse erfordert, ist für die freiheitliche Demokratie gerade nicht charakteristisch.

Politische Strömungen, die so auftreten, werden sehr vielen Menschen nach dem Gesagten aber mit einiger Wahrscheinlichkeit durchaus zusagen. Politiker, die auf jeden Terroranschlag eine einfache Antwort haben, auf jede Boulevardzeitungs-Meldung über eine bedürftige Rentnerin einen entschlossenen (vielleicht völlig sinnfreien) Vorschlag präsentieren und auf jeden Fall jemand anderen, aber nie »uns« als Schuldigen jeglicher Misere präsentieren, werden sehr vielen von uns absehbar sehr gut gefallen. Und es lässt sich unschwer erkennen, dass mehr oder weniger deutliche Anflüge in dieser Richtung auch bei politischen Strömungen, die grundsätzlich demokratisch gefestigt wirken, konstant an der Tagesordnung sind. Nur bleibt ein solches Auftreten bei demokratischen Politikern bloße Staffage, weil sie eben doch eingebunden sind in komplexe, kompromisshafte Abstimmungsprozesse. Wird die Demokratie wie in den aktuell populistisch dominierten Ländern dagegen schleichend untergraben, ist plötzlich wirklich ein »Durchgreifen« möglich – und nach dem Gesagten ist die Popularität der entsprechenden Politiker wie Putin oder Erdoğan auch nicht wirklich verwunderlich. Und mit einiger Wahrscheinlichkeit wird vielen von uns angesichts unserer Tendenzen zu Vereinfachung, Verdrängung, kognitiver Dissonanzvermeidung, Gruppendenken und so weiter nicht einmal auffallen, dass die Diagnosen und Lösungen solcher Politiker trotz ihrer Popularität weithin fiktiv bleiben.

Es ist historisch kein einziger Fall bekannt, in dem eine ernsthafte freiheitliche Demokratie tatsächlich länger als gut 200 Jahre – selbst bei sehr großzügiger Definition von Demokratie – überlebt hätte. Nicht täuschen lassen darf man sich von der seit dem Fall des Eisernen Vorhangs üblichen Rede, dass sich die Demokratie global auf einem unaufhaltsamen Siegeszug befinde, weil immer mehr Staaten zumindest offiziell Wahlen einführen und Menschenrechte anerkennen. Denn allzu offensichtlich ist dies in vielen Staaten wenig ernst gemeint – und allzu offensichtlich gibt es auch in Staaten, die zwischendurch vielleicht ernsthaft in Richtung offene Gesellschaft steuerten, starke Rückwärtsbewegungen. Dies hat auch den europäischen Kontinent erfasst, wenn man an Polen, Ungarn, die Türkei oder Russland denkt.

Auch in häufig als gefestigt erlebten Demokratien geschehen zudem viele Dinge, die Fragen aufwerfen. Jenseits vieler Einzelfragen sei nur folgender Aspekt herausgegriffen: Nur in ganz wenigen Staaten (etwa in Deutschland) existiert eine Verfassung, die halbwegs genau erkennen lässt, welche Macht die verschiedenen Staatsorgane haben. Die Rolle des französischen und des US-amerikanischen Präsidenten etwa ist nicht klar umrissen. Im Falle krisenhafter Zuspitzungen lässt das wenig Gutes erwarten. Und wir alle erlegen bislang rechtsfolgenlos durch die globalgrenzüberschreitenden und intertemporalen Wirkungen unseres (nicht-nachhaltigen) Handelns Menschen, die die hiesigen und heutigen Regierungen nicht gewählt haben, drastische Folgelasten auf. Das können wir gegenwärtig beispielsweise in puncto Klimawandel, Ökosystemzerstörung und Biodiversitätsverlust intensiv beobachten (Kapitel 5).

Aktuell fällt es zunehmend schwer, eine staatliche Demokratie zu finden, bei der man halbwegs sicher prognostizieren würde, dass sie nicht in den nächsten Jahrzehnten von einer populistischen Politik der einfachen Wahrheiten übernommen wird, besonders wenn die in Kapitel 2 und 3 porträtierten krisenhaften Entwicklungen fortfahren, die diesbezüglichen Vereinfachungs-Neigungen im Menschen zu begünstigen. Das betrifft etwa die geschilderten Entwicklungen bei der Digitalisierung und der Globalisierung (für die wir in Kapitel 19 fragen werden, ob man sie nicht demokratisch flankieren kann). Sie können die Neigung zu einfachen Wahrheiten zwar nicht allein erklären (Kapitel 2 und 3), befördern sie aber doch substanziell. Gefährdungsverschärfend wirken auch ökologische Faktoren wie der Klimawandel, die der freien Gesellschaft ihre physische Grundlage zu entziehen drohen und – wenngleich wenig taugliche – ökodiktatorische Rettungsversuche in letzter Minute provozieren könnten.

Man kann durchaus erklären, dass in den letzten 250 Jahren der Wertepantheon der Demokratie auf dem Vormarsch schien. Er konnte sich durch die Verknüpfung mit dem Kapitalismus, dessen wirtschaftliche Freiheit in gewaltenteilig-rechtsstaatlichen Demokratien sicherer erschien als in den klassischen autoritären Monarchien, beispielsweise mit einem allseitigen Eigeninteresse an Wohlstandssteigerung verbinden. Nach dem Zweiten Weltkrieg konnte mit der handfesten Kriegsmüdigkeit und Friedenssehnsucht ein weiterer Eigennutzenfaktor aktiviert werden. Doch können wir nach allem, was gesagt wurde, erwarten, dass dies so von Dauer sein wird? Dauerhaft Bestand hatte eine offene Gesellschaftsordnung jedenfalls in höher entwickelten Gesellschaftsordnungen nie (inwieweit sich hier für Indianervölker oder ähnlich ursprünglich lebende Ethnien anderes ergeben würde, sprengt den vorliegenden Rahmen, und es wäre wegen der ungleich weniger komplexen Gesellschaftsordnung auch kein sinnvoller Vergleich möglich).

Das Gesagte heißt nicht, dass Gesellschaften allein wegen demokratischer Ausrichtungen in Umwälzungen geraten. Klassisch sind eher Probleme wie die Überinanspruchnahme von Ressourcen[1] oder allgemein ein mangelhafter Ausbau stabiler Institutionen – letztere Frage hat zudem entscheidende Bedeutung bei der Schaffung der modernen Wohlstandsgesellschaft.[2] Umgekehrt entwickeln sich die persönlichen Freiheitsgrade teils selbst in Ländern wie China positiv, in denen politische Mitbestimmung nicht einmal nach außen suggeriert wird; und auch der elementare Freiheitsvoraussetzungsschutz gegen Armut entwickelt sich nicht durchgängig, aber teilweise positiv – oder anders gesagt: Der klassische, offene Totalitarismus ist heute jedenfalls auf dem Rückzug. Insofern muss man sich vor Schwarz-Weiß-Bildern hüten. Doch das allein bringt uns keine offene Gesellschaft.

Insofern besteht die reale Gefahr, dass die liberale Demokratie historisch nicht dauerhaft in einem nicht nur vorgetäuschten Sinne praktiziert werden wird. Vollständig wissen kann man das nicht, weil niemand die Zukunft vorhersagen kann. Doch dieses Buch möchte immerhin deutlich machen, dass wir plausibel von einer großen Gefahr ausgehen müssen. Die Gefahr wird momentan von populistischen Bewegungen transportiert, die virtuos auf die herausgearbeiteten menschlichen Grundemotionen einzugehen verstehen. Das bedeutet allerdings nicht, dass jeder, der die Demokratie ablehnt, automatisch als Populist zu bezeichnen wäre. Ungeachtet dessen gibt es enge Beziehungen zwischen dem modernen Populismus und klassischen antidemokratischen Bewegungen wie den verschiedenen Totalitarismen.

Um das Gesagte im Einzelnen zu verdeutlichen, müssen wir uns in den folgenden Kapiteln klarmachen, worin genau eigentlich die offene Gesellschaft besteht – und was eigentlich die Maßstäbe für gutes, differenziertes Nachdenken und Entscheiden über Faktenfragen und normative Fragen wären, wie sie für hinreichend differenzierte gesellschaftliche Problemdiagnosen und Lösungen benötigt würden. Dem wenden wir uns jetzt zu.

13. Ist Wahrheit nur subjektiv? Postmoderne und einfache Wahrheiten

Wenn man von einfachen Wahrheiten redet, impliziert das, dass Erkenntnis überhaupt möglich ist. Denn sonst wäre an einfachen Wahrheiten nichts auszusetzen, ja, dann könnte man nicht einmal sagen, dass bestimmte Aussagen unterkomplex wären – denn was man zu erkennen meint, wäre dann ohnehin immer nur subjektiv und beliebig. Ebenso impliziert die Aussage, Demokratie dürfe nicht beliebig werden und ermögliche hinreichend komplexe Problemdiagnosen und Lösungen, dass es so etwas wie Fakten wirklich gibt. Denn wenn man beliebig behaupten könnte, dass es einen Klimawandel gibt oder nicht gibt, dass alle Migranten kriminell sind oder nicht sind, dass die Existenz der Eurokrise diese und nicht jene Wirkungen habe, ohne dass auch nur die geringste Chance bestünde, irgendetwas davon zu überprüfen, dann wäre der politische Streit letztlich nur ein Austausch beliebig austauschbarer subjektiver Eindrücke. Auch sich explizit widersprechende Aussagen könnten dann jederzeit nach Belieben getroffen werden. Der Versuch eines differenzierten Umgangs mit komplexen Problemen kann – wie wir noch sehen werden – Beweisschwierigkeiten zwar ertragen und muss dies sogar, weil solche Schwierigkeiten unvermeidbar sind; doch eine Aufgabe des Wahrheitsbegriffs würde relativ offensichtlich zu schwerwiegenden Problemen führen. Die dazu jetzt nötigen weiteren Überlegungen können wir nicht beiseite lassen, wenn die Kritik an einfachen Wahrheiten keine leere Phrase bleiben soll.

Es wurde bereits diagnostiziert, dass in Zeiten des Populismus teils zwar ein besonders großzügiger Umgang mit der Wahrheit zu beobachten ist, dass eine solche »Großzügigkeit« aber nicht auf populistische Meinungen beschränkt ist – und dass das Phänomen historisch keinesfalls neu ist, auch wenn heute mit Begriffen wie Fake News oder alternative Fakten gearbeitet wird (und beispielsweise die Digitalisierung hier Einfluss erlangt). Ungeachtet solcher aktueller Entwicklungen benötigen wir die angekündigte kritische Prüfung, ob es so etwas wie objektive Wahrheit wirklich geben kann. Dann wäre für den Bereich der Fakten der wichtigste Schritt getan, um einfache Wahrheiten als solche wirklich kritisieren zu können.

Diese Prüfung ist umso nötiger, als in Gesellschaft und Wissenschaft bereits unabhängig vom Populismus seit langer Zeit eine Art Trend zu einem postmodernen Weltbild existiert, das die zumindest prinzipielle Idee einer objektiven Wahrheit letztlich fallen lässt. Entsprechende Tendenzen zum Skeptizismus gab es im westlichen Kulturkreis zwar seit den antiken Sophisten. Seit rund 150 Jahren und verstärkt seit 50 Jahren ist dies jedoch zu einem manche Denkwelten wie zum Beispiel einige Geisteswissenschaften geradezu dominierenden Phänomen geworden. Wahrheit meint definitorisch wie gesagt (Kapitel 4) die Übereinstimmung einer Aussage mit einem Sachverhalt der realen Welt, wogegen Richtigkeit das Zutreffen normativer Aussagen und Gerechtigkeit die Richtigkeit von gesellschaftlichen Ordnungen meint, ohne dass ein Prüfgegenstand in der »äußeren Welt« zur Verfügung steht wie bei der Wahrheit.[3] Auf den Hinweis, bestimmte Dinge ließen sich doch ohne Weiteres beobachten oder anderweitig beweisen, bekommt man dann oft die Antwort, man präsentiere doch immer bloß eine subjektive Sichtweise, die vom eigenen Interesse gefärbt sei und bestimmte gesellschaftliche Machtverhältnisse widerspiegele, die kritisiert werden müssten. Abgesehen davon, dass eine solche Kritik von Machtverhältnissen logisch – unerkannt von den meisten Postmodernen – voraussetzt, dass jedenfalls Normen objektiv sein können (sonst wäre die Macht von wem auch immer nicht sinnvoll kritisierbar), überzeugt eine solche Perspektive jedoch bereits als Infragestellung der Möglichkeit (!) objektiver Fakten nicht.

Ob es objektive Fakten zumindest grundsätzlich gibt, einerlei ob sie im Einzelfall konkret bewiesen werden können, hat nichts mit der verbreiteten[4] und uns allen aus dem Alltag geläufigen zutreffenden Einsicht zu tun, dass uns Menschen in der Tat bei der Tatsachen- und Normerkenntnis immer wieder unsere subjektiven Sichtweisen in die Quere kommen, unsere Erkenntnis beeinträchtigen und wir ergo zu einer subjektiv verfälschten statt einer objektiven Betrachtung tendieren. Dies trifft zweifellos zu, doch es belegt keineswegs, dass Objektivität – etwa durch sorgfältige Prüfung und Diskurs mit anderen – schlechthin unmöglich ist.[5] An einem Beispiel erläutert: Es mag sein, dass es Naturwissenschaftler gibt, die sich pro oder contra Vorliegen eines vom Menschen verursachten Klimawandels äußern, weil sie sich davon finanzielle Vorteile versprechen, etwa Forschungsaufträge. Eine solche subjektive Verzerrung beweist aber nicht, dass es keine objektiven und unverzerrten Erkenntnisse zum Klimawandel gibt. Formaler ausgedrückt, kann man auch sagen, dass die Wahrheitsskeptiker die Entstehung einer Aussage mit der Geltung einer Aussage verwechseln. Es kann zum Beispiel sein, dass ich – als Sohn eines weltreisenden Physikers – die Erde nur deshalb für eine Kugel halte, weil mein Vater es mir unter Androhung der Prügelstrafe so beigebracht hat (Genese). Ungeachtet dessen wäre die Aussage aber trotzdem zutreffend (Geltung) – ganz unabhängig davon, welche »Machtverhältnisse« bei mir konkret die Überzeugung von dieser Aussage verursacht haben.

Wie irreführend der Hinweis auf die Subjektabhängigkeit von Tatsachen ist, erhellt auch daraus, dass kein Mensch leben kann, ohne mit Notwendigkeit zu unterstellen, dass die äußere Welt und das, was wir über sie sagen, zur Deckung gebracht werden können. Wie sollte es erklärlich sein, dass unsere Koordination untereinander und unser Umgang mit der Welt recht gut funktioniert, wenn die Welt »nur subjektiv« wäre? Zudem erscheinen die Schlussfolgerungen eines Tatsachen-Subjektivismus relativ merkwürdig. Es wäre dann offenbar »Ansichtssache«, dass man tot ist, nachdem man aus dem 90. Stockwerk eines Hochhauses gesprungen ist. Davon abgesehen erscheint der Subjektivismus-Einwand als in sich widersprüchlich: Denn die Aussage »es gibt kein wahr oder unwahr, sondern nur subjektive Ansichten« ist eine Aussage, die sich selbst offenbar gerade nicht als rein subjektive Meinung versteht, sonst macht sie sich selbst irrelevant. Anders gesagt: Die Feststellung häufig sehr »subjektiver« Perspektiven setzt schon logisch voraus, dass es auch objektive Perspektiven geben kann – denn sonst wäre das Subjektive an den subjektiven Perspektiven gar nicht sinnvoll bestimmbar. Dies alles indiziert, dass Tatsachen *nicht* schlicht beobachterabhängig sind – sondern dass unsere Eindrücke sehr wohl ihre Entsprechungen in der realen Welt haben.[6] Wichtig ist ferner der bei aller Ambivalenz menschlichen Daseins kaum bestreitbare Hinweis, dass die Menschheit zumindest in einigen Hinsichten dazulernt, also Erkenntnis sich sukzessive optimieren kann. Schon die Rede von Widerlegung bisheriger Erkenntnisse und Ersetzung durch neue setzt logisch indes wieder voraus, dass objektiv etwas zu erkennen ist.[7]

Insofern können Freunde einfacher Wahrheiten sich nicht damit herausreden, dass halt jeder seine eigene Wahrheit habe und man sie bitte von einer Kritik daran verschonen sollte. Zwar neigen Menschen wie gesagt zu solchem Verhalten, doch überzeugt das nach dem Gesagten eben nicht. Pointiert formuliert: Sollten die Malediven wegen eines klimabedingt ansteigenden Meeresspiegels eines Tages im Meer versinken, wäre dies auch dann noch eine Tatsache, wenn Millionen Deutsche dies für sich subjektiv so konstruieren würden, dass von einem Versinken keine Rede sein könne. Ebenso wäre es nicht einfach Ansichtssache (für den Einzelnen oder auch für eine soziale Gruppe), ob der Klimawandel die Ursache dieses Geschehens ist – oder ob das Versinken eher darauf zurückzuführen ist, dass die Inselbewohner zu oft Gitarre gespielt hätten. Natürlich sind nicht alle Arten von Fakten gleichermaßen leicht objektiv zu fassen. Ursachen und innere Tatsachen wie zum Beispiel Gefühlszustände sind zum Beispiel mitunter schwer zu *beweisen,* ebenso wie der Täter, der Oma Erna gestern Abend umgebracht hat, mitunter schwer zu finden ist, und manchmal erfahren wir die Antwort nicht abschließend, zumindest nicht heute. Aber trotzdem *gibt* es die Ursachen, also die kausalen Verknüpfungen mehrerer äußerer Vorgänge, auch wenn wir Ursachen nicht immer beweisen können (wie ja zum Teil auch äußere Tatsachen). Und ebenso wenig ist es einfach »Meinungssache«, ob der Ausstoß von Klimagasen zum Beispiel durch ein Sonntagsfahrverbot für Autos oder eher durch das Anbeten eines Wasserglases effektiver gesenkt werden kann. Dass auch die normative Bewertung zum Beispiel versinkender Inseln durchaus objektiv erfolgen kann, ist in den folgenden Kapiteln ausführlich Thema.

Insofern kann eine Faktenlage natürlich im Einzelfall unsicher sein. Dann kann man sie in der Tat nur subjektiv einschätzen. Grundsätzlich bleibt das jeweilige Faktum – etwa der Klimawandel oder der Umstand, wer denn nun Frau Müller auf offener Straße ermordet hat – aber trotzdem objektiv, auch wenn es gerade kein Mensch genau weiß (zumindest der Mörder wird seine Täterschaft übrigens kennen). Eine subjektive Tatsacheneinschätzung ist dabei keine Wertung, auch wenn subjektiv und wertend als Begriffe bis tief hinein in die Forschung ständig verwechselt werden. Man kann subjektiv einschätzen, dass der Klimawandel in dieser und jener Geschwindigkeit ganz genau die Folge XY hat – das heißt dann aber nicht, dass man diese Folge normativ begrüßt oder bedauert.[8]

Auch die Sprachgebundenheit von Faktenaussagen

nimmt ihnen nicht die Möglichkeit ihrer Objektivität. Natürlich kann Sprache Unklarheiten schaffen und sogar Verwirrung stiften; doch kann man das Problem durchaus durch hinreichend präzise Formulierungen praktisch weitgehend lösen.[9] Dies gilt, auch wenn die Sprachgemeinschaft – oder jeder Einzelne – letztlich Wortbedeutungen frei vergeben kann, wenn er oder sie das wünscht. Dennoch ist Sprache ein Medium, dass der Präzision durchaus zugänglich ist, wenn sie gewünscht wird. Nicht irritieren lassen sollte man sich auch davon, dass nicht alle Fakten in Experimenten reproduzierbar oder gar quantifizierbar sind. Ein solches Faktenideal hat sich – basierend auf dem philosophischen Empirismus – zwar in den letzten 300 Jahren stark verbreitet. Doch ist es keineswegs zwingend. Beispielsweise im Bereich menschlicher Motive gibt es vieles, was sich nicht beliebig messen und reproduzieren, aber dennoch plausibel beobachten lässt.

Politisch wird eine skeptizistische, postmoderne oder auch konstruktivistische – alles für konstruiert ansehende – Erkenntnistheorie wie gesagt meist als linkes Projekt gelabelt, das vermeintlich machtkritisch und emanzipatorisch wirken soll. Es ist im Lichte dessen fast schon faszinierend zu beobachten, wie die Populisten aktuell höchst virtuos die seit Jahrzehnten von Linken betriebene Demontage von Wahrheit und Objektivität zu Ende denken und daraus praktische Politik in maximal anti-linker Stoßrichtung machen, geradezu orwellsch gekrönt durch den Begriff »alternative Fakten« (Kellyanne Conway). Postmoderne, Feministinnen, Kapitalismuskritiker und so weiter predigen in Zuspitzung marxistischer Gedanken seit langem, dass Fakten und Normen sowieso nie objektiv sind, weil ja alles so interessegeleitet ist durch Macht, Kapitalismus,

Geschlecht, Ethnie. Jetzt drohen populistische Anführer – sich dabei wie gesagt oft gar noch als Retter des wahren Volkswillens darstellend (Kapitel 2) – unter Nutzung dieses Gedankens die Demokratie zu untergraben. Der allseitige Protest gegen das »postfaktische Zeitalter« wirkt insoweit einigermaßen hilflos, weil sich die gleichen Kreise durch Aufgabe des Wahrheitsbegriffs letztlich jede Grundlage für eine Kritik an der grassierenden Postfaktizität entzogen haben. Bei Fakten und mehr noch bei Normen gibt es ja wirklich oft Beweisschwierigkeiten und Einschätzungsspielräume. Aber eben in Grenzen.

Neben der Scheidung subjektiver und objektiver Perspektiven bei Normen und Tatsachen ist die Scheidung der Tatsachen eben von Normen / Wertungen / Zielen / Zwecken (die Begriffe werden hier synonym verwendet[10]) zu beachten. Sonst bleiben die Maßstäbe für genaues Denken und damit auch die Diskussion über einfache Wahrheiten in einem zentralen Punkt unklar. Aus dem Klimawandel (Fakt) zum Beispiel folgt nicht seine Gebotenheit oder Verbotenheit (Norm), auch wenn selbst nobelpreisverdächtige Forscher immer wieder so reden, als würde aus ihren Fakten irgendeine Norm folgen: etwa dass Klimaschutz unbedingt sein muss. Doch dieser Schluss wäre sinnlos, auch wenn viele öffentliche Diskussionen so laufen. Man braucht vielmehr ein Bewertungskriterium, also eine Norm, die sagt, »man soll keine Menschen töten« oder »man soll die menschlichen Lebensgrundlagen und ergo ein stabiles Globalklima erhalten«. Und dieses Bewertungskriterium kann man nicht irgendwo in der Außenwelt beobachten; man kann es nur begründen (wie, sehen wir in den folgenden Kapiteln). Sicherlich geben Tatsachen den Anwendungsbereich respektive das Subsumtionsmaterial einer

Wertung an. Wer beispielsweise den Klimaschutz normativ als wichtig ansieht, auch in Abwägung mit anderen Zielen, muss natürlich auch prüfen, ob überhaupt ein Klimawandel vorliegt. Trotzdem bleiben Fakten und Normen hier zweierlei.

Sehr wichtig ist es für genaues und gerade nicht unterkomplexes Denken auch, dass man die faktische Erklärung und die normative Bewertung von Verhalten auseinanderhält. Man kann zum Beispiel das Geschehen totalitären Unrechts faktisch erklären, ohne es normativ zu rechtfertigen, also gutzuheißen. Man kann (siehe Kapitel 10) ansatzweise erklären, wie die Nazis auf die Idee kamen, eine Vorherrschaft der arischen Rasse begründen zu wollen – normativ gutheißen kann man es dagegen definitiv nicht. Ebenso wichtig ist, dass man nicht kurzschließt »Fakten sind objektiv, Normen sind subjektiv«[11] – denn wie gesagt kann man für Fakten wie auch für Normen die Frage aufwerfen, ob sie objektiv sein können oder nicht. Für Fakten sahen wir eben, dass sie objektiv sein können. Und dass auch Normen objektiv sein können, wird im nächsten Kapitel behandelt. Ein häufiger problematischer Kurzschluss besteht auch darin, dass man Fakten bewusst verdreht, zum Beispiel Frauen pauschal als klüger oder als dümmer als Männer darstellt, weil man hofft, damit die Verwirklichung bestimmter Werte zu beeinflussen, zum Beispiel die Geschlechter-Gleichberechtigung zu fördern oder zu untergraben.[12]

Trotz dieser vermeintlich klaren Aussagen treten oft Verwechslungen auf, die zu allzu kurzen Denkwegen führen können. Häufig verbergen sich diese hinter vermeintlich vereinheitlichenden Begriffen wie »normal«, gerade bei Populisten, aber auch in gänzlich populismusfernen Fachdiskursen oder an sich unverdächtigen Alltagsgesprächen.

Wenn man beispielsweise vom fachlich gebotenen Zustand von Natur und Ökosystemen oder von einem regelgerechten körperlichen Zustand des Menschen (im Gegensatz zu Krankheit) spricht, kommt es zu mehreren Fehlgriffen. Weitere Beispiele sind die Rede von einer für Kleinkinder zuträglichen Betreuungssituation (die einen plädieren für die Krippe, die anderen für die Mutter) oder von normalen erotischen Präferenzen (im Gegensatz zu als krankhaft begriffenen sogenannten Paraphilien). Es wird in solchen Fällen zunächst einmal die Frage verdeckt, welche Anteile dieser Fragenkreise empirischer und welche normativer Art sind. Ob ein bestimmter Naturzustand wünschenswert ist, ein langes gesundes Leben erstrebenswert ist, ob es Kindern gut gehen soll mit großer / mittlerer / keiner Rücksicht auch auf die Belange ihrer Eltern und ob sexuelle Aktivitäten gegenüber gleichgeschlechtlichen Partnern, deutlich jüngeren Menschen oder Kindern zu kritisieren sind, sind normative Fragen und nicht empirische Fragen. Wenngleich auch Faktenfragen im Spiel sind, begeht man ergo einen Fehler, wenn man annimmt, die eben genannten normativen Fragen könnte man dadurch zu empirischen Fragen machen, dass man mit dem Begriff »normal« arbeitet.[13] Es gibt keinen »normalen« Zustand der Natur, sondern sehr viele verschiedene denkbare Zustände, und diese zeigen sich oft auch im Verlauf der Jahrhunderte und Jahrtausende (in gleicher Weise führt auch die Frage, welche erotischen Neigungen »normal« sind, zu keiner Erkenntnis). Eine Faktenfrage ist allerdings, ob bestimmte Ökosysteme und Ökosystemleistungen fortbestehen können, wenn bestimmte Beeinträchtigungen erfolgen.

Genau deswegen erwiesen sich (in Kapitel 10) menschliche Normalitätsvorstellungen als ein Faktor, der uns in die

Welt der einfachen Wahrheiten führt. Wenn es Normalität an sich nicht gibt, schaffen wir sie uns eben selbst. Auch wenn wir dafür mitunter Fakten vereinfachen und verdrehen und Fakten mit Normen vermischen.

14. Was ist Vernunft? Und können auch Normen und Gesellschaftsordnungen objektiv richtig oder falsch sein?

Es geht in der Kritik einfacher Wahrheiten darum, welche Fragen sich rational entscheiden lassen und welche nicht – und wie mit hoher Komplexität und sich dabei möglicherweise ergebenden nicht mehr objektiv beantwortbaren Fragen umzugehen ist, ohne in Plattitüden zu verfallen. Wir sahen oben bereits, dass es dabei nicht allein um Fakten, sondern auch um Normen geht. Um das dortige Beispiel zu wiederholen: Ob es einen Klimawandel tatsächlich gibt, ist eine Faktenfrage. Ob und welches Ausmaß des Klimawandels, auch in Abwägung mit anderen Zielen, schlimm wäre, ist dagegen eine normative Frage. Welche Mittel mehr Klimaschutz bewirken würden, ist wiederum eine Faktenfrage. Ferner sahen wir bezogen auf Fakten, dass diesbezüglich Unsicherheiten oder Beweisschwierigkeiten auftreten können und das eventuell zu subjektiven Einschätzungen nötigt.

Wenn Tatsachenaussagen objektiv wahr und Normaussagen objektiv richtig sein können, so ist mit »objektiv« gemeint, dass sie rational erkennbar sind und damit jedermann sie zumindest einsehen könnte. Deshalb ist die

Vorstellung von Objektivität unmittelbar mit der Idee von Vernunft verschränkt. Man kann stattdessen auch von Intersubjektivität sprechen. Das betont dann stärker die menschlichen Erkenntnisgrenzen und den Umstand, dass auch die Menschheit als Ganzes im Laufe der Zeit dazulernt, sich unsere Erkenntnisgrenzen also verschieben.[14] Dass alles subjektiv ist, ist mit Intersubjektivität gerade nicht gemeint. Wenn das so wäre, könnte man nicht davon sprechen, dass ältere Einsichten als falsch erkannt und durch neue ersetzt wurden. Ein Beispiel: Die Menschheit hat inzwischen gelernt, dass die Erde keine Scheibe, sondern eine Kugel ist – es ist also nicht dem subjektiven Belieben einer Person oder Gruppe überlassen, die Erde als das eine oder das andere zu sehen.

Man muss hier etwas weiter einsteigen, denn sonst bleiben die Anforderungen an hinreichend komplexe Denkwege als Alternative zu einfachen Wahrheiten unklar. Blieben diese Anforderungen unklar, wäre die Kritik an einfachen Wahrheiten sinnlos. Und nur so versteht man auch, warum politische Entscheidungen für gesellschaftliche Probleme tatsächlich so kompliziert sind und sich nicht auf Scheinlösungen des Einfachheitsgrades von »Mauern gegen Migranten« reduzieren lassen. Zu Entscheidungen gehören ja nicht nur Fakten, sondern auch Werte, also Normen. Die basale Frage zu Normen ist jedoch, ob sie überhaupt objektiv und rational sein können. Darauf aufbauend sehen wir später (in den Kapiteln 15 und 17), wie konkret mit der modernen Komplexität politischer Entscheidungen in liberalen Demokratien umgegangen werden kann.

Zurück zur Vernunft. Vernunft respektive Rationalität meint die Befähigung, Fragen mit Gründen zu entscheiden. Geht es um die Frage nach der Gültigkeit von moralisch-rechtlichen Gerechtigkeitsprinzipien, -normen, -zielen oder allgemein Wertungen[15] einschließlich der Frage nach ihrer Interpretation und Abwägung untereinander (!), sprechen wir vorliegend von normativer Vernunft.[16] Dagegen handeln die instrumentelle und die theoretische Vernunft von Fakten, also von deskriptiver Wahrheit. Die instrumentelle Vernunft handelt davon, welche Mittel eine als richtig vorausgesetzte Norm, etwa ein bestimmtes Klimaziel (oder auch ein ganz eigennütziges Ziel wie das Entwenden eines Gegenstandes), am wirksamsten umsetzen – vielleicht durch einen Emissionshandel, eine Abgabe oder ein Verbot. Die theoretische Vernunft handelt von Faktenermittlung ohne konkreten Handlungsbezug wie in der naturwissenschaftlichen Klimaforschung.[17]

Können solche Aussagen objektiv richtig sein, so dass Gerechtigkeit auch in einer globalisierten, pluralistischen Welt mehr ist als ein subjektives Geschmacks- oder Mehrheitsurteil? Man kann die Normen für wünschenswerte Zustände einfach dem Recht entnehmen, das beispielsweise die eben thesenhaft eingeführte Grundordnung enthält. Doch braucht auch das Recht eine Grundlage, die zeigt, dass das Recht richtig ist. Zum Beispiel das Recht der freiheitlichen Demokratie respektive der offenen Gesellschaft, das wir im nächsten Abschnitt ein wenig detaillierter betrachten werden – und das dann zu einer Beantwortung der Frage führt, wie mit Komplexität umgegangen werden muss und welche »Wahrheiten zu einfach« bei normativen Entscheidungen sind.

Also in aller Kürze etwas dazu, wie man zeigen kann, dass Normen objektiv richtig und rational sein können – und dass Vernunft der Grund und nicht etwa der Feind der Freiheit ist.[18] In einer pluralistischen Welt streitet man notwendigerweise über normative Fragen. Selbst Fundamentalisten und Autokraten tun dies unweigerlich, wenigstens gelegentlich. Und sie bedienen sich dabei der menschlichen Sprache. Wer aber mit Gründen (das heißt rational) streitet, also in normativen Fragen Sätze wie »X ist richtig, weil Y« formuliert, setzt logisch erstens die Möglichkeit von Rationalität in der Ethik und zweitens die Freiheit als Zentralnorm voraus, ob er das nun will oder nicht. Wir setzen, indem wir rational (also mit Gründen) über normative Fragen streiten, logisch voraus, dass normative Fragen überhaupt mit Gründen und nicht nur für jeden nach seinem subjektiven Empfinden entschieden werden können. Wir setzen das sogar jeden Tag im Leben auch einfach dadurch voraus, wenn wir normative Thesen aufstellen und diese begründen. Und es dürfte nahezu unmöglich sein, ein Leben lang nie Sätze mit »weil, da, deshalb« zu normativen Fragen zu formulieren. Damit ist kein Entkommen vor der grundsätzlichen Möglichkeit von Rationalität in normativen Fragen. Wir setzen die Möglichkeit objektiver Aussagen aber auch dann logisch voraus, wenn wir sagen: »Ich bin Skeptiker und sage, es gibt objektiv nur subjektive Aussagen über Ethik.« Diese Aussage kann nur gültig sein, wenn es eben doch Objektivität gibt. Damit hebt sich die Kritik an der Objektivität logisch selbst auf – so sehr wir rein faktisch auch zu subjektiven Sichtweisen neigen.[19]

Formulieren wir es noch einmal anders, damit die Aussage ganz deutlich wird: Ein Skeptiker (der normative Fragen für rein subjektiv hält) oder ein Kontextualist (der normative Fragen nur für orientiert an bestimmten Kulturtraditionen entscheidbar hält) oder ein Präferenzmaximierer (der einfach unsere faktischen Präferenzen respektive deren Summe für richtig erklärt) verstricken sich in logische

Widersprüche, die ihre eigene Position aufheben. Machen wir es zunächst für den Kontextualisten oder den Präferenzmaximierer vor: Die Aussage selbst, dass das aus dem kulturellen Kontext oder den faktischen Präferenzen Gewonnene normativ richtig ist, begreift sich selbst wohl kaum als kontextabhängig im Sinne von: »Wir meinen faktisch, dass das faktisch Vorfindliche das Richtige ist.« Denn das wäre empirisch falsch. Denn viele Bewohner des Okzidents und überhaupt dieser Welt fundieren ihre Gerechtigkeitsurteile rein faktisch *nicht* kontextualistisch oder einfach nur ihren eigennützigen Präferenzen folgend, sondern beispielsweise religiös oder liberal. Wer sagt: »Alles ist kontext- / präferenzabhängig«, meint nach dem eben Gesagten letztlich wohl weniger die rein faktische Beschreibung unseres Denkens als vielmehr die These, dass wenigstens diese Aussage zur Normativität selbst präferenz- und kontext- und damit kultur*un*abhängig ist.[20] Damit berufen sich Kontextualist und Präferenzmaximierer aber auf genau das, was sie gleichzeitig für unmöglich erklärt haben: Sie berufen sich auf eine objektive und letztlich, da eine Aussage ohne irgendeine Einschränkung getroffen wird, universale Ebene, auf der Menschen kulturübergreifend zutreffende Einsichten gewinnen können, ergo auf die Vernunft. Eine gerade nicht kulturrelative und nicht bloß eigennutzenbasierte Vernunft ist damit aber eben doch die letzte und universale Instanz, von der aus wir über Gerechtigkeit reden können.

In der gleichen Problematik verfängt sich auch der Skeptiker: Wenn die Aussage, dass *alles* kontingent und rein subjektiv und »beobachterabhängig« ist, richtig sein soll, muss eine solche Position selbiges gegen sich selbst gelten lassen. Denn wenn jede Norm nur eine unbegründbare und nicht weiter rationalisierbare »subjektive Konstruktion« ist, ist natürlich auch der Skeptizismus selbst nur subjektive Konstruktion der Welt. Dann aber kann sie Objektivität nicht ausschließen, und wie soeben gesehen: auch Universalität nicht, weil Objektivität im umfassenden Sinne notwendig zu Universalität führt. Will die kontextualistische, skeptische oder präferenzbasierte Sichtweise dagegen einen allgemeinen Richtigkeitsanspruch erheben, dann widerspricht sie sich selbst und hebt sich damit selbst auf – weil es dann ja offenbar doch nicht nur »subjektive Meinungen« gibt, sondern auch objektiv und universal richtige Sätze. Dann aber ist die liberale Konzeption, die Gerechtigkeitsfragen als Wertungsfragen für objektiv entscheidbar hält, gerade nicht widerlegt.

Dass nach dem Gesagten im Streit über Normen keine Beliebigkeit herrschen muss, sondern vielmehr »Wahrheit«, genauer gesagt Gerechtigkeit in einem rationalen, objektiven Sinne möglich ist, ist nur das eine. Man kann daraus auch die Grundlagen der liberalen Demokratie und ihre Entscheidungsregeln im Umgang mit komplexen gesellschaftlichen Fragen rechtfertigen, einschließlich ihres im weiteren Verlauf näher auszubuchstabierenden – und gegenüber der herrschenden Praxis besser zu konturierenden – Musters, wie »einfach Wahrheiten« sein dürfen. Wie gelingt eine solche Begründung? Wir setzen im Streit mit Gründen miteinander logisch voraus, dass die möglichen Diskurspartner gleiche Achtung verdienen. Denn Gründe sind egalitär und das Gegenteil von Gewalt und Herabsetzung; und sie richten sich an Individuen mit geistiger Autonomie, denn ohne Autonomie kann man keine Gründe prüfen. Niemand könnte sagen: »Meine These X und ihre Begründung würde zwar von Herrn P leicht widerlegt werden können, du, lieber Q, solltest sie als Dummkopf aber glauben.« Und es würde auch niemand sagen können: »Nachdem wir P zum Schweigen gebracht hatten, konnten wir uns endlich überzeugen, dass X ein guter Grund für Y ist.« Es widerspricht mithin gerade dem Sinn von »Gründen«, das Begründen als relativ zur Person des Adressaten zu verstehen – ein Grund überzeugt und kann *von jedem eingesehen* werden. Jemand, der in einem Gespräch über Gerechtigkeit Gründe gibt (also Sätze mit »weil, deshalb, da« spricht), dann aber dem Gesprächspartner die Achtung versagt, widerspräche ergo dem, was er selbst logisch voraussetzt.

Folgerichtig muss der, der sich einmal auf den Streit über Gerechtigkeit mit Gründen und damit auf die Vernunft einlässt, den Partner als Gleichen achten. Und das gilt eben unabhängig davon, ob man sich der Implikationen seines Begründens bewusst ist, einfach gerade jemanden überreden will oder sich vielleicht gar bewusst selbst widerspricht. Denn es geht hier um logische Implikationen unseres Sprechens – daraus lässt sich, wie soeben gezeigt, die Grundnorm liberaler Demokratien, nämlich die Achtung vor der Autonomie (auch Menschenwürde genannt), rechtfertigen. Wir setzen diese wie gesehen beim Diskutieren logisch voraus, einerlei ob uns dies faktisch gerade gut oder weniger gut passt. Damit sehen wir, dass Normen objektiv sein können – und dass konkret die liberale Demokratie und ihre im Folgenden aus dem Gesagten ableitbaren Prinzipien und Konfliktlösungsregeln im Umgang mit komplexen gesellschaftlichen Problemen eine objektive Grundlage haben. Und wir sehen daran, dass wir normative Konzepte, die sich jenseits dessen bewegen, wirklich kritisieren können – nicht nur, weil sie uns persönlich nicht in den Kram passen, sondern weil sie gegen jene objektive Grundlage der Normativität verstoßen. Zum Beispiel eine Diktatur, in der eine kleine Clique den Ton angibt und beliebige Entscheidungsgewalt über die Menschen und deren Freiheit für sich reklamiert.

Die somit vernunftgebotene Achtung vor der Autonomie als Selbstbestimmung muss nun aber gerade dem Individuum gelten und damit Respekt vor der individuellen Autonomie sein: Kollektive als solche sind nämlich gar keine möglichen Diskurspartner. Dieses ist vielmehr der einzelne argumentierende Mensch. Das ist die Begründung für das Prinzip der Achtung vor der Autonomie der Individuen (Menschenwürde). Zugleich ist damit das Prinzip begründet, dass Gerechtigkeit Unabhängigkeit von subjektiven Perspektiven meint (Unparteilichkeit). Aus Würde und Unparteilichkeit wiederum folgt das Recht auf Freiheit für alle Menschen, wobei sich die Begründung der Freiheit durch die Würde auch in liberal-demokratischen Verfassungen wörtlich findet. Folglich kann nur das Freiheitsprinzip respektive die Selbstbestimmung – so meine zumindest ich, wiewohl ich es hier nur knapp erwähne – die Basis aller ethischen und rechtlichen Begründungsansätze sein. Mangels zwingender Begründung können andere Prinzipien mit dieser würde- und unparteilichkeitsbasierten Selbstbestimmung nicht in Konkurrenz treten.

Man sieht daran, dass Vernunft entgegen einer verbreiteten postmodernen Wahrnehmung keineswegs autoritär ist, sondern vielmehr die menschliche Autonomie begründet. Demgegenüber wirkt Beliebigkeit nicht befreiend, sondern potentiell autoritär, weil mit ihr noch die krudeste politische Vision ermöglicht werden kann. *Vernunft ist nicht der Feind, sondern der Grund der Freiheit.* Die postmoderne Attacke auf jegliche Rationalität nützt – wir sahen es bereits bei der postmodernen Kritik am Wahrheitsbegriff – nicht der sprichwörtlichen Arbeiterklasse, auch wenn die oft marxistisch beeinflussten postmodernen Denker dies immer wieder suggerieren. Gleichzeitig sehen wir im Folgenden, dass ausgehend von hier Wege zum Umgang mit Komplexität möglich werden, die aufzeigen, wie man Konflikte abschichtet und dass dabei oft Spielräume entstehen, weil unterschiedliche Lösungen gleichermaßen als rational gelten können. Unterschiedliche, aber eben nicht beliebig viele Lösungen, weil, so werden wir sehen, die so gerechtfertigten Grundprinzipien einen Entscheidungsraum abstecken. Dort, wo normative Argumente und das Prüfen von Fakten also nicht mehr weiterführen, kommt dann in der Tat – und zwar in einem ziemlich großen Raum – das rein faktische Wollen des jeweils Zuständigen zur Geltung, etwa das der demokratischen Mehrheit im Gesetzgebungsverfahren.[21]

15. Warum Demokratie und Freiheit – und was ist eine offene Gesellschaft?

Um in den Kapiteln 15 und 17 zu verstehen, wie mit Komplexität umgegangen werden kann und was eigentlich demokratisches Entscheiden jenseits einfacher Wahrheiten im Konkreten heißen kann, muss zunächst noch etwas genauer verstanden werden, was mit Freiheit und Demokratie eigentlich gemeint ist – und wie genau die Demokratie zur Freiheit gehört. Nur so wird auch jenseits eines diffusen Eindrucks deutlich, was eigentlich mit der offenen

Gesellschaft sinnvollerweise gemeint ist, die allseits gegen populistische Strömungen verteidigt werden soll. Dass Freiheit als Kernnorm liberal-demokratischer Verfassungen eine ethische Grundlage hat und normative Fragen damit gerade nicht beliebig sind, wurde eben gezeigt. Insofern ist das Folgende stets parallel als ethische und als rechtliche Aussage zu denken.

Das Recht auf Freiheit oder Selbstbestimmung gibt jedem erst einmal die Möglichkeit, zu leben und zu tun, was und wie er es will. Entgegen einer verbreiteten Tradition müssen die Freiheitsrechte allerdings so interpretiert werden, dass sie die elementaren physischen Freiheitsvoraussetzungen einschließen – also einen Anspruch nicht nur auf Sozialhilfe und nicht nur auf ein gewisses Quantum an Sicherheit, also jedenfalls Abwesenheit von Krieg und Bürgerkrieg, sondern auch auf ein Vorhandensein einer einigermaßen stabilen Ressourcenbasis und eines entsprechenden Globalklimas. Warum? Ohne ein solches Existenzminimum (und ohne Leben und Gesundheit) gibt es keine Freiheit. Es ist daher logisch in der Freiheit mitgedacht. So deuten es die geschriebenen Menschenrechtskataloge auch mehr oder weniger klar an. Nur implizit sichtbar und von der politischen Praxis ignoriert ist dort ferner Folgendes: Der Schutz des Menschenrechts auf die elementaren Freiheitsvoraussetzungen gilt nicht nur hier und heute, sondern wirkt auch zugunsten künftiger Generationen und zugunsten von Menschen in anderen Ländern und Kontinenten. Denn die Freiheit hat, wenngleich auch das meist verkannt wird, eine Nachhaltigkeitsdimension: Sie muss also zeitübergreifend und grenzüberschreitend respektiert werden. Denn es sind zu ihrem Lebenszeitpunkt auch junge und künftige Menschen natürlich Menschen – und schon heute sind dies die Menschen in anderen Ländern – und damit Träger des Menschenrechts auf Freiheit und Selbstbestimmung. Dieses Recht auf gleiche Freiheit hat gerade den Sinn, dann zu wirken, wenn ihm Gefahren drohen – und sie drohen in einer technisierten, globalisierten Welt grenzüberschreitend und über lange Zeiträume.

Es ist dabei so, dass die Freiheit in der offenen Gesellschaft nicht nur garantiert, dass man in Ruhe gelassen wird, sondern auch, dass öffentliche Gewalten die einen Menschen vor den anderen schützen. Denn entgegen gewissen Denktraditionen seit den Zeiten der Aufklärung ist der Staat nicht die alleinige Gefahr für die Selbstbestimmung. Die öffentliche Gewalt hat national und transnational gerade auch die Aufgabe zu verhindern, dass die Bürger wechselseitig ihre Freiheit zerstören. Auch das garantieren mir also meine Rechte. Allerdings können nicht alle Menschen gleichzeitig vollumfänglich und beliebig Gebrauch von ihrer Freiheit machen. Man muss vielmehr zwischen den sich überschneidenden Freiheitssphären Kompromisse machen, juristisch und ethisch gesprochen also abwägen. Genau damit ist Politik befasst. Ich möchte vielleicht Dinge tun, die jemand anderes nicht möchte, und umgekehrt. Wenn Freiheit der Grundgedanke für Ethik und Recht ist und optimal zur Geltung gebracht werden soll, müssen die nötigen Abwägungen Regeln folgen, die dem Freiheitsprinzip dienen. Darum geht es im nächsten Abschnitt. Dort kann dann im Einzelnen entwickelt werden, wie komplexe Konflikte aufgelöst werden können und müssen. Dass dabei keine sozio-ökonomische Gleichheit aller Bürger vorgeschrieben ist, zeigte sich schon bei den Analysen zur Chancengleichheit.

Eine Kernaussage zur offenen Gesellschaft ist die folgende: Nicht möglich ist es von vornherein (trotz aller Freiheitskonflikte), ein normativ richtiges Glück für jedermann vorzuschreiben – sozusagen Wandern als rechtes Glück und *RTL-2*-Konsum als falsches Glück. Denn die Selbstbestimmung verträgt Beschränkungen nur dort, wo es zum Nutzen anderer Menschen ist. Und die Selbstbestimmung ergibt auch einfach keinen objektiven Maßstab dafür, ob man eher dies oder eher jenes mögen soll. Ein erzieherischer Staat ist damit ausgeschlossen, egal wie sehr ich und meine einfachen Wahrheiten sich vielleicht vom Lebenswandel eines anderen Menschen gestört fühlen. Ich muss also damit leben, dass um mich herum Menschen und Gruppen existieren, die ganz andere Dinge im Leben wichtig finden, eine ganz andere Beziehungs- und Sexualmoral praktizieren, sich komplett anders anziehen, sich seltsam kleiden, mir suspekte Religionen praktizieren oder was auch immer. Sehr wohl kann man dagegen die Selbstbestimmung zum Wohle der Selbstbestimmung anderer beschränken. Also zum Beispiel das Fliegen drastisch verteuern, um andere vor den Folgen des Klimawandels zu schützen. Oder Ehemänner staatlich daran hindern, dass sie ihrer Ehefrau gegen deren Willen (!) ein Kopftuch aufzwängen.

Wie genau kommt jetzt die Demokratie ins Spiel, der droht, durch Unterkomplexität untergraben zu werden?[22] Und welche genaue Staatsform meint die Demokratie überhaupt? Demokratie meint wörtlich Volksherrschaft im Sinne dessen, dass die Unterworfenen politischer Entscheidungen zumindest grundsätzlich sich auch als deren Urheber fühlen dürfen. Dabei sind unterschiedliche Modelle denkbar. Zum Beispiel kann es ein Mehrheits- oder ein Verhältniswahlrecht geben, es kann eine direkte Wahl von Spitzen der Exekutive geben und anderes mehr. Die Demokratie ist neben Würde, Unparteilichkeit und Freiheit das zentrale Grundprinzip einer freiheitlichen Grundordnung: Demokratie ist ein Gerechtigkeitsgebot, und zwar universal. Denn wenn alle Menschen *gleich zu respektieren* sind, müssen sie auch gleichermaßen Anteil an der gesellschaftlichen Konfliktlösung haben. Denn das Prinzip der gleichen Achtung vor dem autonomen Individuum (Menschenwürde) impliziert, dass idealtypisch jeder über sich selbst entscheiden sollte. Wenn aber politische Entscheidungen über gesellschaftliche Probleme nötig sind und deshalb nicht einfach jeder selbst entscheiden kann, weil die Freiheit des einen mit der des anderen in Konflikt tritt, braucht man Entscheidungsinstanzen, an denen wir alle Anteil haben. Dies aber bedeutet Demokratie. Ferner sichert die Demokratie die Freiheit, weil die Entscheider wähl- und abwählbar sind und zudem ein gewaltenteiliges System wechselseitiger Kontrolle errichtet werden kann. Es gibt also die Gesetzgebung und daneben zur Konkretisierung der Gesetzgebung Exekutive und Gerichte, wobei die Gerichte die Exekutive und die Verfassungsgerichte die Gesetzgebung nicht vollständig, aber auf die Einhaltung eines jeweils festgelegten Rahmens hin kontrollieren.

Dass eine Demokratie repräsentativ ausgestaltet ist (wozu eine Bevölkerungsbeteiligung nicht nur via Wahlrecht, sondern mittels Diskursen in Parteien, Vereinen, Nachbarschaft, Teilnahme an Demonstrationen, öffentliche Meinungsäußerung und so weiter gehört), hat eine starke Begründung für sich, die sich gerade auf das Vermeiden einfacher Wahrheiten angesichts der in Kapitel 9 bis 11 beschriebenen menschlichen Grundeigenschaften bezieht. Rationalität und Freiheit werden unter Berücksichtigung der nur begrenzt rationalen und oft problematisch gruppendynamischen, kurzsichtigen, wenig wissensbasierten, bequemlichkeits- und gewohnheitsgetriebenen menschlichen Motivationslage so am besten geschützt, gerade gegen die sonst drohenden einfachen Wahrheiten. Denn durch ein repräsentatives System, zudem mit Gewaltenteilung, wird ein Set von Institutionen geschaffen, die sich gegenseitig kontrollieren und die Komplexität differenziert und in ruhiger Prüfung und Überlegung abarbeiten können. Demokratie bildet pluralistisch unterschiedliche Meinungen ab. Das begünstigt Diskurse um sinnvolle Problemlösungen und eröffnet damit potentiell durchdachte, ausgewogene Argumente und Konzepte – und damit zugleich auch Lernprozesse. Es geht also mitnichten darum, dass wir uns selbst für zu dumm erklären und uns deshalb Fesseln anlegen; es geht vielmehr für uns alle um weise Selbsterkenntnis dessen, wie wir unserer Vernunft und unserer Autonomie am besten zum Durchbruch verhelfen. Genau das leisten rätedemokratische Konzepte in marxistischer Tradition nicht, wenn sie ad hoc und jederzeit Delegierte wählbar und abwählbar machen wollen. Ein solches Konzept würde außerdem daran scheitern, dass die ökonomisch-technisch moderne Welt äußerst vielfältige und ausdifferenzierte Lösungen verlangt, deren detaillierte Entwicklung die Fähigkeit von Laien – die im Rätesystem die Räte abgeben – übersteigt.

Ein besonders wichtiges Argument für die repräsentative, gewaltenteilige Demokratie: Die Demokratie ist für künftige und junge und räumlich entfernt lebende Menschen kein Akt der Selbst-, sondern der Fremdbestimmtheit.[23] Denn sie sind heute keine Beteiligten der Demokratie, und dass automatisch an sie gedacht wird, ist empirisch unwahrscheinlich. Näher betrachtet werden muss freilich noch, wie gewaltenteiliges Entscheiden und damit ein rationaler Umgang mit komplexen Problemlagen so ganz konkret möglich ist (dazu Kapitel 17).

Die repräsentative gewaltenteilige Demokratie liefert also die Staatsform der Autonomie, die vorliegend als objektiv und rational gerechtfertigt wurde. Und sie liefert kurz gesagt institutionelle Sicherungen gegen einfache Wahrheiten im Stil von »pro Todesstrafe wegen des Kindsmords vom letzten Sonntag«. Sie lebt aber davon, dass Menschen sich in Parteien, Vereinen, auf Demonstrationen, in der Nachbarschaft und so weiter auf den schwierigen Weg begeben, mit anderen um Lösungen für komplexe Fragen zu ringen. Sie erschöpft sich also nicht in bloßen Wahlen. Dies wird auch nicht dadurch gegenstandslos, dass historisch die repräsentative Demokratie manchen auch deshalb gefallen hat, weil sie die Masse der Bevölkerung damit auf Distanz zur unmittelbaren politischen Gestaltung hält. Genau das gilt es vielmehr zu vermeiden.

16. Elitenherrschaft contra »verblödete Massen«? Historisches zu Vormärz, Russland, China, Platon

Bis hierher ist gezeigt worden, dass eine nicht nur populismustypische, sondern in letzter Instanz allgemeinmenschliche Neigung zu einfachen Wahrheiten für den längerfristigen Bestand liberaler Demokratien ein großes Risiko darstellt. Allerdings könnte man auch geneigt sein, genau umgekehrt zu argumentieren. Nämlich so, dass dieser Zusammenhang zwar stimmt, aber gerade wünschenswert ist. Sarkastisch gesprochen: Vielleicht ist eben doch die Autokratie die benötigte Rettung vor der menschlichen Blödheit? Die Befürchtung, dass Menschen irrational agieren und gerade als Massen allerlei problematische Emotionen entwickeln, gibt es seit der Antike – und bis heute. Autoritarismus erscheint in dieser Denkweise nicht als zu vermeidendes Problem, sondern als bewusst anzustrebender Zustand. Man muss darauf in einem Buch über einfache Wahrheiten eingehen, denn sonst wird nicht abschließend deutlich, warum die autoritäre Antwort auf unsere vielfältigen emotionalen Beschränktheiten auch im Lichte zusätzlicher Überlegungen falsch bleibt.

Es gibt menschheitsgeschichtlich seit langer Zeit Betrachtungen dazu, wie man mit der »dummen Masse«, die eben nur einfachen Wahrheiten zugänglich sei, umgehen soll. Mancher würde ferner sagen, dass es aktuelle Tendenzen zur Elitenherrschaft auch in Staaten ohne starke populistische Entwicklung gibt, zum Beispiel in Deutschland, einfach weil die zunehmende wirtschaftlich-technische Komplexität dies nahelege. Man könnte auch Tendenzen etwa auf EU-Ebene, komplexe Entscheidungen über den Euro in Hinterzimmer-Runden zu verlegen, in diese Richtung deuten. Dass sie im Lichte des entfalteten Demokratieideals kritikwürdig sind, liegt auf der Hand, und wir werden uns später auch möglichen Reformoptionen widmen. Hier geht es aber um die weitergehende Frage, ob nicht insgesamt Demokratie wegen vorgeblich »verblödeter Massen« verhindert oder abgeschafft werden muss.

Noch die differenzierteste Perspektive an dieser Stelle ist eine, die die Grenzen der gewaltenteiligen und repräsentativen Ausprägung der Demokratie im Zuge von Nachhaltigkeitsproblemen besonders hervorhebt. Die Demokratie begünstigt oft ein kurzzeitorientiertes Denken in Wahlperioden und stärkt damit eine problematische emotionale menschliche Grundeinstellung. Die Hauptbetroffenen vieler heutiger Entscheidungen sind weder am politischen Diskurs noch an Wahlen beteiligt und werden ergo mit einiger Wahrscheinlichkeit nicht ausreichend berücksichtigt. Dennoch ist eine Diktatur, hier eine »Ökodiktatur«[24], keine geeignete Antwort darauf. Die Freiheit dauerhaft und global für alle Menschen kann man nicht sichern, indem man sie abschafft. Auch ein Diktator würde sich außerdem auf seine Weise eigennützig verhalten sowie Gefühlen und Normalitätsvorstellungen unterliegen. Und die Diktatur verschenkt gerade das Lernpotential offener Diskurse mit ihrem Ringen um die besten Problemlösungen. Und was für eine Diskussion über einfache Wahrheiten am wichtigsten ist: Auch Diktatoren appellieren, wie man speziell aus totalitären Episoden weiß, gern an Instinkte und platte Emotionen. Man könnte wohl sogar mit einiger Berechtigung sagen, dass sie das eher noch lieber tun als demokratische Politiker, schon weil sie weniger kontrollierbar sind, keine freien Medien zu fürchten brauche, Kritiker notfalls beliebig ins Gefängnis werfen (oder gar umbringen) lassen können und so weiter.

Besonders in sehr großen Ländern, unter der Randbedingung sehr ungleich verteilter Bildung und im Lichte religiös-fundamentalistischer Bedrohungen, wird dies allerdings auch gerne anders diskutiert. Putins Russland, die klassischen armeegestützten arabischen Diktatoren wie Assad oder Saddam Hussein oder auch der von Deng Xiaoping repräsentierte chinesische Politiktypus etwa sehen sich in ihrem jeweiligen Autoritarismus als Garant von Stabilität und einigermaßen tragbaren Lebensverhältnissen angesichts des sonst befürchteten Chaos durch radikale (etwa religiös-fundamentalistische) Gruppen. Derartige Sichtweisen sind nicht neu, sondern lassen sich in Ländern wie Russland oder China über Jahrhunderte zurückverfolgen. Die naheliegende Entgegnung, für mehr Bildung und auskömmlichen Wohlstand und unter anderem dadurch auch für eine Eindämmung fundamentalistischer Bedrohung zu sorgen, wurde dort allerdings wohl kaum einmal als realistisch erlebt. Das führt dann in die gegebene Situation fataler Schein-Alternativen wie »Assad oder IS«. Oder »chinesische Parteidiktatur oder Bürgerkrieg«. Ob diese Alternativen als ausschließliche Alternativen in einmal gegebenen Situationen tatsächlich so bestehen, ist empirisch schwer zu entscheiden. Allerdings ist stark zu bezweifeln, dass die genannten Herrscher das allergrößte Interesse an der Überwindung einer solchen Situation haben, die die fatale Alternative voraussichtlich beseitigen würden, wenn man die europäische Entwicklung und ihre Bedingtheit auch durch funktionierende demokratische Institutionen, Bildung für alle und so weiter als Beispiel heranzieht. Dass hier die westlichen Staaten etwa durch ihren Hunger nach fossilen Brennstoffen die unglückliche Situation etwa in arabischen Ländern oft maßgeblich mit am Leben erhalten (Kapitel 7), ändert daran wenig. Selbst wenn, was ja gerade nicht zutrifft (Kapitel 15), Stabilität und Wohlstand nicht nur eine freiheitsförderliche Rahmenbedingung, sondern quasi einziges Politikziel wären, hätten die EU-Länder dies bislang weit erfolgreicher verwirklicht als diverse Autokratien.

Dies ist nicht als sozusagen westliche Arroganz gegenüber anderen kulturellen Gegebenheiten zu verstehen. Im

19. Jahrhundert gab es in Deutschland analoge Diskussionen, die damals ebenfalls zu einem begrenzten Wahlrecht geführt haben, welches in unterschiedlichen regionalen Ausprägungen zum Beispiel Aspekte von Bildung und Vermögen berücksichtigt hat. Dies war auch zum Beispiel von Immanuel Kant theoretisch gerechtfertigt worden, der nicht nur »Weibsvolk«, sondern auch »Knechte« und andere intellektuell und vermögensmäßig als unselbständig erlebte Kreise von vornherein von jeder politischer Mitbestimmung ausschließen wollte. Unter vormärzlichen Verhältnissen waren Bildung und Vermögen auf eine vergleichsweise kleine Schicht beschränkt. Die bäuerliche sowie die entstehende städtische Arbeiterschicht kämpften in vielen Fällen buchstäblich um das physische Überleben. Der Widerstand etwa des damaligen deutschen Bürgertums gegen volle Demokratie unter Einbeziehung aller Menschen ähnelt in der Argumentation den zweifelhaften Denkrichtungen, wie sie eben stichwortartig für andere Länder in Erinnerung gerufen wurden. Das vom Pauperismus gebeutelte Proletariat war von den Bürgerlichen lange vor dem Kommunistischen Manifest als sozialrevolutionäres Potenzial erkannt worden.

Interessanterweise haben alle damit erwähnten Kontroversen um die menschliche Natur und die Schlussfolgerungen zu Staatsformen Vorläufer bis hin zu den antiken philosophischen Kontroversen zwischen Platon und Aristoteles. Das ist insofern wohl kein Zufall, als deren Argumente und Meinungsverschiedenheiten in der europäischen und auch in der islamischen Kultur eine intensive Rezeptionsgeschichte durch die Jahrtausende aufweisen, weswegen dieser Aspekt hier zumindest kurz berührt sei. Die Vorstellung, dass irrationale menschliche Grundeigenschaften –

und mangelnde Bildung – bestimmte Entscheidungen bei der Staatsform nötig machen, ist bereits bei Platon und Aristoteles paradigmatisch präsent, zumal beide die damalige athenische Demokratie kannten, die für freie Männer eine stark plebiszitär geprägte Staatsform aufwies. Ebenjener plebiszitäre Charakter des antiken Athen ist freilich oft gemeint, wenn Platon und Aristoteles – in unterschiedlichen Schattierungen – deutliche Skepsis gegenüber der Demokratie erkennen lassen. Vieles, was sie propagieren, erinnert durchaus vage an die heutige gewaltenteilige Demokratie, nicht in den Einzelheiten und in der Freiheitszentrierung, wohl aber im Grundgedanken, durch ein System der Machtverteilung bestimmte negative menschliche Tendenzen möglichst nicht wirksam werden zu lassen. Auch den Herrschern trauen schon Platon und Aristoteles nicht recht, wenn etwa Platon Eigentumslosigkeit und Familienlosigkeit für die Herrschenden vorschlägt, um einen bestimmten Eigennutzen- und Kurzzeitfokus zu unterbinden. Wie Machtkämpfe, Bereicherungsstreben einiger Reicher, aber auch verführte Massen gut funktionierende Gesellschaften zusammenbrechen lassen können, wird im Einzelnen schon hier in der antiken Philosophie durchgespielt – assoziiert mit den triebhaften Seiten des Menschseins. Platons und Aristoteles' Analysen bis in äußerst moderne Details – zum Beispiel dass sehr freie Gesellschaften irgendwann durch Gleichgültigkeit und Beliebigkeit das Engagement für das Gemeinwesen untergraben können, dass große materielle Konflikte Ungleichheit schüren und dass irgendwann aus genau diesen Konflikten ein populistischer Diktator als vermeintlicher Retter emporsteigen kann. Und dass dieser, um von seinem eigenen Versagen abzulenken, gerne Kriege beginnen wird.

Vor allem aber ist bei Platon und Aristoteles die Grundthese der vorliegenden Abhandlung ansatzweise präsent: Die Zukunft der Demokratie (im modernen Wortsinne) ist offen; doch gleichzeitig bietet ihr ausbalanciertes System am ehesten die Chance, mit den Friktionen des Menschseins umzugehen. Wenig gesehen wird in diesen antiken Analysen indes, wie wichtig ein stetiger offener Diskurs und eine rechtliche Sicherung der Freiheit sowie stark formalisierte Institutionen sind – und dass genau daraus zumindest für eine gewisse Zeit eben doch Stabilität unter freiheitlichen Bedingungen erwachsen kann.

Allerdings sollte man Unterschiede zwischen autoritärer Demokratieskepsis und Populismus im Blick behalten. So sind – wie immer genau zu verstehende – arabische oder chinesische Tendenzen nicht vollständig identisch mit der modernen populistischen Zurückdrängung der Demokratie, denn in dieser geht es trotz aller Parallelen weniger um klassische Elitenherrschaft. In der Moderne war der Urtyp all der Caudillos von Pinochet bis Chávez der Korse Napoleon Bonaparte, ein Nobody mit Charisma, der sich selbst zum Kaiser krönte. Der Neffe Napoleons ließ sich per Plebiszit »zur Wiederherstellung des Kaisertums« vom Volk absegnen. Das Plebiszitäre, die Pervertierung demokratischer Muster zur Institutionalisierung charismatischer Herrschaft, ist gewissermaßen das Muster eines modernen Populismus, ebenso wie soziale Versprechen und das In-die-Schranken-Weisen angeblicher Übeltäter und Volksfeinde. Insofern ist der moderne Populismus trotz aller Abgrenzungsversuche den totalitären Bewegungen auch näher als der gewöhnliche arabische Militärdiktator oder Scheich: Bei den Nazis waren die Fremdrassigen der Sündenbock, bei den Kommunisten die Bauern und der Bourgeois. Bei den populistischen Adaptionen der Gegenwart sind die Sündenböcke entweder die Migranten, die möglichst wieder über die Grenzen expediert werden sollen, oder abstrakter der »Neoliberalismus«, das »System«, »Amerika«, das »Finanzkapital« oder ein pauschal als bürokratisch-undemokratisch verdammtes »Europa«.

Aber noch einmal zur Erinnerung: Die Neigung zu einfachen Wahrheiten ist weder auf die Moderne noch auf Populisten beschränkt – sie trägt vielmehr allgemeinmenschliche Züge (Kapitel 9 bis 11). Deswegen ist auch wenig verwunderlich, dass es historisch eben keine langen Erfahrungen mit Demokratie gibt, sondern autoritäre Tendenzen immer wieder hervorbrechen. Dass diese Tendenzen mal im Gewand wohlmeinender Fürsorge für die als dumm ausgegebene Menschheit daherkommen, mal als pseudodemokratische populistische Diktatur, mal als offener Totalitarismus, soll nicht die Unterschiede zwischen diesen Herrschaftsformen verwischen. Eines haben sie aber gemeinsam: Mit den in diesem Buch als vernünftig gerechtfertigten Prinzipien gerechter Gesellschaftsordnungen haben solche Regime wenig zu tun. Und die Behauptung, der imaginäre starke Mann könne gesellschaftliche Probleme besser lösen, widerspricht der historischen Erfahrung und verkennt die Potentiale einer diskursiven, offenen Gesellschaft. Das gilt, auch wenn es sein kann, dass wir jener lernfähigen Gesellschaft aufgrund unserer vorliegend beschriebenen menschlichen Beschränktheiten rein faktisch betrachtet keine dauerhafte Chance geben.

17. Richtiges Entscheiden gesellschaftlicher Probleme: komplex, aber nicht beliebig

Wenn die menschliche Neigung zu einfachen Wahrheiten die liberale Demokratie untergräbt, gleichzeitig aber diese offene Gesellschaft objektiv gerechtfertigt werden kann (Kapitel 12 bis 15) und Potentiale in der Bekämpfung einfacher Wahrheiten bietet (Kapitel 16), dann muss jetzt wie angekündigt das gute Entscheiden gesellschaftlicher Probleme noch näher betrachtet werden. Damit wird im Einzelnen deutlich, dass Entscheidungen – zumal unter heutigen ökonomisch-technischen Bedingungen – wie die Probleme selbst eher komplex und nicht einfach sind, dass sie Spielräume und Uneindeutigkeiten kennen, dass sie aber gleichwohl weder in puncto Fakten noch in puncto Normen beliebig sind. Dementsprechend muss hier kurz erläutert werden, wie das liberal-demokratische Entscheidungsschema für komplexe gesellschaftliche Probleme aussieht.

Es wurde bereits klar, dass die Kollision unser aller Freiheitssphären in unendlich vielen alltäglichen und weniger alltäglichen Situationen notwendigerweise zu einer ständigen Abwägungslage führt – und dies eben nicht nur im persönlichen Rahmen, sondern auch bei politischen Entscheidungen. Wenn man beispielsweise die Umwelt für heutige und künftige Menschen schützen möchte und dafür den heutigen Autoverkehr einschränkt, schützt man die Freiheit – aber um den Preis von Freiheitsbegrenzungen in der Gegenwart. Die volle Verwirklichung sämtlicher Freiheitssphären behindert sich also nahezu zwingend gegenseitig mehr oder minder stark. Ebenso kollidiert der Wunsch westlicher Unternehmen nach globalisierten, offenen Märkten ohne staatliche Regulierungen und Steuern mit dem Interesse vieler Menschen an bestimmten Arbeits- und Sozialstandards. Von den Gütern her stehen sich dann zum Beispiel die allgemeine Handlungsfreiheit (die die Mobilität einschließt), die Eigentumsfreiheit und die Förderung von Wirtschaftswachstum und Arbeitsplätzen einerseits und das Recht auf die elementaren Freiheitsvoraussetzungen Leben, Gesundheit und Existenzminimum gegenüber. Die so umrissene zwangsläufige Abwägungslage gilt nicht etwa nur für seltene Konstellationen oder besonders dramatische Probleme wie den Klimawandel, sondern ist buchstäblich permanent in jeder politischen Entscheidung präsent. Indem die Politik die Industriegesellschaft zulässt, Industrieanlagen genehmigt, den Autoverkehr zulässt und so weiter, nimmt sie sehenden Auges statistisch Tote, also Beeinträchtigungen des Rechts auf die elementaren Freiheitsvoraussetzungen, aufgrund der freigesetzten Luftschadstoffe und so weiter in Kauf. Dies geschieht in Abwägung mit unser aller Konsumfreiheit und mit der wirtschaftlichen Freiheit der Konsumenten. Man spricht insoweit meist camouflierend von stochastischen Schäden, also statistischen Krankheits- und Todesfällen, die spätestens langfristig und in Kombination mit anderen Schadensursachen im Gefolge der industriegesellschaftlichen Lebensform auftreten.

Da die Abwägung als solche unvermeidlich ist, kann man Entscheidungen nicht an einfachen Formeln wie einem Prinzip »schade niemandem« *(neminem laedere)* orientieren; denn für die meisten Entscheidungen wäre dies schlicht unmöglich.[25] Werden diese Abwägungen durch zuständige Instanzen, insbesondere durch den demokratischen Gesetzgeber, entschieden, kann natürlich auch »genau eine« Entscheidung als für die rechtsanwendenden Behörden und Gerichte richtige Entscheidung übrig bleiben. Freilich verbleiben auch auf diesen Rechtsanwendungsebenen in aller Regel noch Abwägungsspielräume.[26] Auch wenn zum Beispiel bestimmte Handlungen strafrechtlich verboten sind oder ordnungsrechtlich bestimmte Umweltauflagen für Industrieanlagen bestehen, gibt es Rechtsinterpretationsspielräume hinsichtlich der Rechtsbegriffe, Spielräume bei der Tatsachenerhebung und mögliche Ausnahmen – die alle Ausdruck der kollidierenden und deshalb eben in einem Abwägungsverhältnis stehenden normativen Belange sind.

Deswegen kann man, auch wenn dies dem Wunsch nach einfachen Wahrheiten entgegenkäme, nicht die Abwägungssituation an sich zugunsten total eindeutiger normativer Einschätzungen einer Konfliktlage vermeiden. Die in der Philosophie mitunter postulierten intrinsisch »immer« verbotenen Handlungen[27] (etwa den Tod von jemandem hinzunehmen) erscheinen damit als in dieser Gradlinigkeit inexistente Größe.[28] Dass auch der Verweis auf das Menschenwürdeprinzip nicht plötzlich Abwägungen erübrigt, habe ich bei anderer Gelegenheit[29] schon eingehend analysiert. Kurz gesagt ergab sich dies daraus, dass das Würdeprinzip keine auf Einzelfälle anwendbare Norm, sondern vielmehr der Grundgedanke liberal-demokratischer Rechtsordnungen respektive der Grund der einzelnen Freiheitsgarantien ist.

Man kann dem Drang nach einfachen Wahrheiten auch nicht dahingehend nachgeben, dass man aus komplexen Entscheidungen einfach eine Rechenaufgabe macht. Das versucht die von Ökonomen praktizierte Kosten-Nutzen-Analyse. In dieser wird ebenfalls zwecks Herbeiführung von Entscheidungen gesellschaftlicher Fragen abgewogen, aber in quantifizierter Form, indem die faktischen Präferenzen der Menschen hinsichtlich der Vor- und Nachteile einer Entscheidung ermittelt, in Geld übersetzt werden und sodann die optimale Entscheidung ausgerechnet wird. Jedoch können die Vor- und Nachteile etwa einer strengeren Bestrafung von Dieben, einer großzügigeren Förderung von Kindergärten oder eines intensiven oder weniger intensiven Klimaschutzes nicht sinnvoll vollständig (oder weitgehend) in Geld übersetzt werden. Und es widerspricht auch den Grundintentionen liberaler Demokratien, das Gewicht von Belangen von deren Zahlungskräftigkeit abhängig zu machen. Kurz gesagt zählt Bill Gates in Abwägungen nicht mehr als ein arbeitsloser Hartz-IV-Empfänger, nur weil er mehr zahlen kann.

Folgerichtig ist das System liberal-demokratischer Rechtsordnungen ein System, das auf der Verfassungsebene Inhalts- und Verfahrensregeln für die Kollision verschiedener Freiheitssphären bereitstellt.[30] Die konkreten Parlamentsgesetze sind dann das Abbild der Durchführung der dabei nötig werdenden Abwägungen in einem vorgegebenen Rahmen. Abwägungen bedingen zwar Entscheidungsspielräume, wenn dieser Rahmen aber verletzt wird, ist das Abwägungsergebnis ethisch und rechtlich zu beanstanden. Auch die Verfahrensregeln dafür, wie und durch wen die Spielräume zu füllen sind, müssen dem Freiheitsgedanken folgen. Das wichtigste Beispiel dafür ist: Für die Füllung des inhaltlichen Abwägungsspielraums sind insbesondere Parlamente zuständig. Denn das ist die freiheitsfreundlichere Regelung, weil ein Parlament durch Abwahl kontrolliert werden kann, ein Gericht dagegen nicht. Und es führt dazu, dass wir alle einen großen Spielraum für gemeinsame inhaltliche Entscheidungen haben. Von Gerichten, etwa von

Verfassungsgerichten, kann eine politische Entscheidung nur dann gerügt werden, wenn sie die Abwägungsregeln verletzt. Innerhalb dieses Rahmens ist die demokratische Entscheidung frei – zum Beispiel darüber, welche Sozialleistungen eingeführt werden und welche nicht.

Wichtig sind jetzt die konkreten Abwägungsregeln, in deren weitem Rahmen die Politik respektive Gesetzgebung entscheiden kann und muss (wobei die Parlamente einen Teil des Abwägungsspielraums an Verwaltung und Gerichte weiterreichen). Sie ergeben sich aus der menschenrechtlichen Freiheit im oben dargelegten Sinne (Kapitel 15). Eine besonders offenkundige Abwägungsregel ist, dass die Tatsachengrundlage einer Entscheidung stimmen muss. Denn wenn die Tatsachengrundlage politischer Entscheidungen beliebig wäre, könnte man letztlich beliebige Entscheidungen fällen, indem sie sich schlicht die passenden äußeren Tatsachen, passende Kausalzusammenhänge oder eine passende Gesinnung (innere Tatsache) »konstruieren«. Jede Kontrolle von Entscheidungen anhand irgendwelcher Regeln wäre damit hinfällig. Selbst strafgerichtliche Verurteilungen in einem totalitären Staat, die zum Beispiel auf völlig fiktiven Verschwörungs-Vorwürfen gegen den Angeklagten basieren, wären trotz dieser »konstruierten« Tatsachenbasis dann beanstandungsfrei. Dies zeigt zugleich, dass die hier angebotene Argumentation nicht nur für äußere Naturtatsachen gilt, sondern auch für Kausalzusammenhänge und für innere Tatsachen wie Gefühlszustände. Natürlich lassen sie sich schwerer beweisen. Aber ob etwas eine Tatsache ist und ob sie leicht beweisbar ist, sind zwei verschiedene Fragen: Auch wenn sich nur schwer beweisen lässt, wer der Täter eines Mordes ist, ist es eine Tatsache, dass der X es eben *ist*. Zudem: Nicht nur Tatsache / Beweis, sondern auch

Schwierigkeit / Unmöglichkeit sind nicht das Gleiche. Bei trotzdem unklar bleibenden Tatsachenlagen können und müssen dann zwar Annahmen getroffen werden, aber auch keine beliebigen, sondern möglichst gut abgesicherte.

Von der normativen Seite ist die zentrale Abwägungsregel die, dass nur Belange, die zur Freiheit respektive Selbstbestimmung und ihren Voraussetzungen gehören, in die Abwägung eingebracht werden dürfen. Fragen des guten Lebens gehören hier also nicht hin. Und ein Schutz des Menschen vor sich selbst auch nicht, von wenigen Ausnahmen wie bei Kleinkindern abgesehen. Die unter Juristen als Geeignetheits- und Erforderlichkeitsregel bekannten Abwägungsregeln normieren ferner, dass jemandem nur so viel von seiner Freiheit genommen werden darf, wie wirklich nötig ist, um die Freiheit anderer Leute zu fördern – ebenfalls eine naheliegende Folge der Freiheit. Eine weitere Regel lautet, dass nicht ein Belang evident zu einseitig zugunsten anderer Belange zurückgestellt werden darf; auch diese unter Juristen als Angemessenheit bekannte Regel folgt wieder aus dem Gedanken, dass die Freiheit insgesamt maximiert werden soll. Wobei selbst bei relativ weitgehendem Klimaschutz, Lärmschutz usw. immer noch Todesfälle und Gesundheitsschäden auftreten werden; dennoch könnte zum Beispiel der Lärm- und Feinstaubschutz bisher zu gering ausgefallen sein. Ebenfalls Bestandteil der Angemessenheit ist naheliegenderweise, dass Menschenrechtsgarantien mit dem Grad ihrer konkreten Betroffenheit in die Abwägung einzustellen sind.

Eine weitere Abwägungsregel, die ebenfalls unter der Überschrift der Angemessenheit einsortiert werden kann, ist das Verursacherprinzip respektive das Junktim von Freiheit und Handlungsfolgenverantwortlichkeit, das wiederum aus der menschenrechtlichen Freiheit selbst herleitbar ist: Denn Freiheit muss ein Einstehenmüssen für vorhersehbare Folgen des eigenen Tuns einschließen. Deswegen sind zum Beispiel Sozialleistungen auf Kosten der Steuerzahler in Notlagen, die jemand selbst herbeiführt, Grenzen gesetzt. Die negativen Folgen einer für den Handelnden ansonsten positiven Handlung (zum Beispiel der billigen freien Fortbewegung heute) müssen zumindest grundsätzlich also den Handelnden treffen, zum Beispiel auch im Wege der Kostenanlastung für ökologische Schäden. Daran fehlt es bisher in weiten Teilen des Umweltschutzes und auch des Klimaschutzes.

Eine weitere naheliegende Abwägungsregel ist das Prinzip, bei Entscheidungen die jeweilige Leistungsfähigkeit der Bürger zu berücksichtigen. Sie ergibt sich aus der Finanzierungsnotwendigkeit des Freiheitsvoraussetzungsschutzes und der im Junktim von Freiheit und Folgenverantwortlichkeit enthaltenen Idee, dass die Gemeinschaft Probleme, die jemand ohne eigenes Verschulden hat, möglichst ausgleichen soll.

Freiheitsvoraussetzungsschutz, Verursacherprinzip und Leistungsfähigkeitsprinzip können bei der Bestimmung des richtigen Umgangs mit sozialen Verteilungsfragen und mit dem Klimaproblem relevant werden, sie können dabei allerdings in unterschiedliche Richtungen weisen. Dies und die relative Bescheidenheit der zuvor genannten Abwägungsregeln belassen den politischen Instanzen bis hierher einen großen Entscheidungsspielraum im Umgang mit sozialen Verteilungsfragen wie etwa zum Thema Chancengleichheit (Kapitel 8) und auch dem Klimawandel. Bezogen auf den elementaren Freiheitsvoraussetzungsschutz im Sinne eines normalerweise staatlich zu gewährleistenden Existenzminimums, das die Basis aller weiteren Freiheitsausübung ist, reduziert sich dieser Spielraum jedoch weitgehend. Ebenso reduziert sich der Spielraum für den Klimaschutz, wenn man eine weitere Abwägungsregel, die bisher in der Praxis keine Rolle spielt, anerkennt: Es liegt als Ausfluss der menschenrechtlichen Freiheit(svoraussetzungen) nahe, dass der politische Entscheidungsspielraum dort endet, wo ein politisches Tun oder Unterlassen das freiheitlich-demokratische System als Ganzes substanziell gefährdet. Und genau dies ist der Fall, wenn man beim Klimaschutz nicht zeitnah einschneidende Schritte unternimmt. Ein einschneidender Klimaschutz erscheint damit dem Grunde nach als geboten. Das wird bisher weitgehend verkannt, weil nicht bemerkt wird, dass die Menschenrechte auch zugunsten von Menschen in anderen Ländern und solchen, die nach uns kommen, gelten – und damit zugunsten der wahrscheinlichen Hauptopfer unserer heutigen Übernutzung der Biosphäre.

Angesichts der begrenzten Reichweite der repräsentativen Demokratie in Zeiten komplexer und zahlreicher politischer Entscheidungen implizieren die Freiheitsrechte noch weitere Verfahrensgarantien, insbesondere ein Recht auf angemessene Partizipation an administrativen und mittelbar – etwa unter Einsatz des Internets – auch an legislativen Entscheidungen. Darauf ist später noch zurückzukommen, wenn es um die Fortentwicklung der Demokratie geht.

Mit alledem haben rechtliche Entscheidungsmechanismen in liberalen Demokratien der Politik einen differenzierten Rahmen verschafft. Wie soeben gesehen, wird er nicht immer ausreichend ernst genommen, aber er bildet zusammen mit den Ausführungen über die Potentiale des demokratischen Diskurses klar ab, was sich rational über komplexe Entscheidungen sagen lässt. Wer behauptet, mehr Eindeutigkeit bieten zu können, bewegt sich ins Feld der einfachen Wahrheiten.

V.
Schritte weg von den einfachen Wahrheiten – bei anderen, in uns, in mir

18. Menschliche Motive, Vernunft, Freiheit und Demokratie verstehen – und ihre Institutionen weiterentwickeln

Man kann die Neigung zu einfachen Wahrheiten komplex erklären, und man kann das, was rational erkennbar ist und was nicht, einigermaßen genau bestimmen. Doch sind konkrete Schritte möglich, um einfachen Wahrheiten weniger Raum zu geben – bei anderen, bei uns, in mir selbst in meinem alltäglichen Denken? In Abgrenzung zur ohnehin laufenden öffentlichen Standarddebatte geht es hier nicht hauptsächlich um Maßnahmen »gegen Rechtspopulisten«, sondern um das Umgehen mit der beschriebenen allgemeinmenschlichen Problematik. Dazu werden Chancen und Grenzen von Schritten und Reformen in mehreren Bereichen analysiert. Die Liste der Vorschläge ist nicht notwendigerweise abschließend gemeint. Und grundsätzlich gilt nach dem Gesagten: Gesellschaftlicher Wandel ist zwar grundsätzlich möglich, aber in puncto einfache Wahrheiten nach allem, was bis hierher festgestellt wurde, nur bedingt aussichtsreich. Es wird also keine durchschlagende Antwort geben können. Die Zukunft der Demokratie ist prekär – das ist nach dem Gesagten gerade die zentrale Feststellung dieses Buches. Die Zukunft der Demokratie ist nicht selbstverständlich, sondern erfordert die Bereitschaft zur Komplexitätssteigerung und vielleicht gar zur Selbstverbesserung – ohne zu leugnen, dass wir auch scheitern könnten mit unseren Bemühungen.

Ein wesentliches Ergebnis der Analyse war, dass allgemeinmenschliche (gerade nicht nur populistische) Standardmotive wie Bequemlichkeit, Gewohnheit, Verdrängung, anekdotisches Wissen, Unterkomplexität, Neigung zu Sündenböcken oder Desinteresse an raumzeitlich komplexen Problemen nur unter größten Schwierigkeiten zu relativieren sein werden und für die offene Gesellschaft eine Herausforderung darstellen. Menschen generell können gegen bestimmte dysfunktionale Emotionen angehen, indem man Verdrängung zu durchbrechen versucht, sich Bündnispartner sucht, mit anderen diskutiert, Allianzen schmiedet, sich Vorbilder sucht und Alternativen im persönlichen Rahmen ausprobiert. Bestimmte biologisch grundierte Tendenzen determinieren uns Menschen nicht, wir tragen ein veränderbares, kulturelles Element von Lernfähigkeit in uns; doch stößt Lernen und Sich-Wandeln bei unseren Emotionen an Grenzen, anders als etwa bei Werthaltungen, der genauen Stoßrichtung unserer Eigennutzenkalküle und Normalitätsvorstellungen. Entwicklung ist also möglich, wie es die Menschheitsgeschichte ja in gewisser Weise auch sichtbar macht, nur kann kaum damit gerechnet werden, dass bestimmte emotionale Grundkonstellationen und damit der Kern des Problems bei den einfachen Wahrheiten sich ändern – ausführlicher habe ich das an anderer Stelle zu zeigen versucht.[1] Doch was heißt das für politische Institutionen?

Grundvoraussetzung für die Verteidigung der liberalen, repräsentativen, gewaltenteiligen Demokratie ist, dass man dieses System und seine Leistungsfähigkeit für die Lösung komplexer Probleme richtig versteht. Ausgehend davon kann man es in einzelnen Punkten weiterzuentwickeln versuchen:

- Dass Freiheit konsequent multipolar, globalistisch, intertemporal, pluralistisch verstanden werden muss und in komplexe Abwägungslagen führt, wurde vorliegend ebenso erläutert wie die Vorzüge gerade der repräsentativen, gewaltenteiligen Demokratie. Diese ist ein Institutionenset, das ein Maximum an Vernunft und Freiheit sowie an Beteiligung an kollektiven Entscheidungen ermöglicht, ohne deswegen Herrschaft und Verbindlichkeit quasi abzuschaffen. Und dieses Institutionenset schafft wie gesagt (Kapitel 12 und 15) genau die Möglichkeit der Differenzierung, des Lernens, der wechselseitigen Kontrolle sowie der Ausbremsung spontaner Gruppengefühle und Sündenbock-Suchvorgänge, die zur Vermeidung allzu einfacher Diagnosen und Lösungen nötig ist. Es muss deshalb konsequent verteidigt werden. Das schließt auch die elementaren Voraussetzungen von Freiheit wie Abwesenheit von Krieg, Bürgerkrieg, Hunger, Klimawandel und massiver Ökosystemzerstörung ein – denn sonst kann es keine Freiheit geben. Gleichzeitig sahen wir in Kapitel 12, dass ungeachtet ihrer grundsätzlichen Eignung die liberale Demokratie selbst unter die Räder der einfachen Wahrheiten geraten könnte. Insofern muss man, wenn auch mit begrenzter Erfolgsaussicht, fragen, ob weitere Maßnahmen möglich sind:

- Nicht nur wegen des Inhalts müssen die – in zumindest einigen westlichen Ländern und andernorts teilweise – bestehenden geschilderten Institutionen verteidigt werden. Dies ist vielmehr auch deshalb essentiell notwendig, weil funktionierende Institutionen die wirksamste Versicherung gegen autoritäre oder gar totalitaristische Barbarei sind. Konsequenterweise versucht jede totalitäre Herrschaft, bestehende Institutionen abzuschaffen oder funktionslos zu machen – da unterscheiden sich zum Beispiel Nazis und Stalinisten wenig. Und auch moderne Populisten wie Trump zeigen eine ausgeprägte

Verachtung für etablierte, nach klaren Regeln arbeitende Institutionen wie Parlamente, Gerichte oder eine freie Presse. Dabei bietet es mehr Schutz, wenn diese Institutionen juristisch wie in Deutschland detailliert durchreguliert und dadurch relativ krisenfest sind, als wenn in relativ alten Demokratien wie Großbritannien oder USA vieles eher auf eingespielten Üblichkeiten als auf festgelegten Regeln beruht – und dadurch, wie durch Trump und Brexit gerade zu besichtigen, unter Umständen erstaunlich schnell erschüttert werden kann.

- Ferner sollte die Partizipation der Bürger – jenseits der Teilnahme an Wahlen, an Parteien und Verbänden, Diskussionen, Demonstrationen und so weiter – an staatlichen Entscheidungen ausgebaut werden, ohne die grundsätzliche Repräsentativität der Demokratie aufzugeben. Die zu stärkende Partizipation betrifft Verwaltungsverfahren, aber beispielsweise auch das Schließen internationaler Verträge. Allerdings besteht häufig ein doch eher begrenztes Interesse an frühzeitiger und gründlicher Beteiligung, sofern einem nicht ganz persönlich und ganz konkret ein Projekt »in die Quere kommt«. Ferner ist die reale Verhandlungsmacht transnationaler Konzerne wie RWE und E.ON zum Beispiel bei einem Atomkonsens beispielsweise der von Verbraucher- oder Umweltverbänden erkennbar überlegen. Insbesondere können Umweltverbände aus Kapazitätsgründen nur an wenigen ausgewählten Gesetzgebungs- und Verwaltungsverfahren partizipieren, wie überhaupt Umwelt- und Gesundheitsinteressen meist weniger organisierbar als Industriebelange sind; zudem verfügen sie aus finanziellen Gründen über weniger Fachleute. Allerdings ist angesichts genau der Motivationslage, die

die einfachen Wahrheiten begünstigt, eben nicht damit zu rechnen, dass die Bürgerbeteiligung sich künftig sprunghaft vermehrt. Eine klare Option gibt es dennoch: Man sollte dem Teil der Partizipation, der lediglich Einkommensinteressen vertritt, etwa Unternehmens- und Gewerkschaftsinteressen, konsequent nicht mehr Raum geben als dem Vertreten altruistischer, etwa ökologischer, Anliegen. Und man sollte völlige Transparenz zum Beispiel über die Lobbykontakte von Politikern herstellen. Aktuell gehen die skizzierten Chancen der Demokratie unter in einem allgegenwärtigen Trend zur verbändedominierten Konsensdemokratie. Politiker unterschiedlicher Richtungen, Verbandsvertreter, Journalisten und Ministerialbeamte formieren sich zunehmend als eine Art Einheitsgruppe.[2] Fehlende Diskurse und klare Kritik unterlaufen aber gerade die Leistungsfähigkeit des Modells Demokratie und machen es für Populisten angreifbarer – einerlei, ob die Diskurse von konsensverliebten Klimaschützern oder übermächtigen Energie-Großkonzernen blockiert werden. Auch die Komplexität von Nachhaltigkeitsfragen und die dadurch begünstigte Neigung (auch über dieses Thema hinaus) zur Hinterzimmerpolitik sind für die Demokratie eine schwierige Entwicklung. Die damit eingeforderte Transparenz müsste gerade auf EU- und internationaler Ebene deutlich gesteigert werden.

- Man sollte unerwartete, neue Perspektiven in die Politik einbringen und die Verbindung von Vertretenen und Vertretern dadurch stärken, dass man durch Losverfahren ausgewählte Bürger zeitweise in bestimmte Entscheidungsprozesse einbezieht. Das war in den alten – wenngleich auf selbständige weiße Männer beschränkten – Demokratien von Antike und Mittelalter ein gängiges Instrument, wird aber auch heute in Ländern wie Irland eingesetzt, um einen neuen Blick auf kontroverse gesellschaftliche Themen wie etwa Abtreibung zu gewinnen. Zugleich würde dies den real oder vermeintlich elitären Charakter heutiger Demokratien relativieren und damit einen typischen Anknüpfungspunkt autoritär-populistischer Kritik beseitigen.

- In begrenztem Umfang sollten ferner Volksbefragungen ausgebaut werden. Nimmt man die Erfahrungen etwa in der Schweiz oder mit dem Brexit, ist freilich erkennbar, dass die Komplexität gesetzgeberischer Entscheidungen und der Drang eben nach einfachen Wahrheiten oftmals zu eigenwilligen Entscheidungen führen können. Dies spricht dafür, solche Befragungen unverbindlich auszugestalten. Ferner sind inhaltliche Anforderungen an ihre Ausgestaltung nötig.
- Ferner könnte man wie in Australien daran denken, eine Wahlpflicht einzuführen, um die Einschätzungen der Bürger besser in der realen Politik abzubilden. Allerdings könnte es auch sein, dass dies gerade zusätzliche Stimmen für einfache Wahrheiten zur Folge hat. In Australien war das bislang nicht der Fall.
- Die wichtigste institutionelle Reform bestünde jedoch darin, der Demokratie wieder größeren Einfluss zu geben, indem man sie auf den Ebenen stärkt, auf der heute immer mehr Entscheidungen fallen und fallen müssen, wenn man bestimmte Probleme überhaupt lösen will – nämlich auf europäischer und internationaler Ebene. Dem widmen wir uns jetzt.

19. Demokratie transnationalisieren, die sozialen und ökologischen Bedingungen sichern – europäisch und international

Ein wesentlicher, wenn nicht sogar der größte Faktor des Haderns mit der Demokratie und des populistischen Impetus besteht darin, dass Nationalstaaten heute demokratisch oft begrenzte Handlungsmöglichkeiten haben. Demokratie gehört, wenn sie wie gesehen menschenrechtlich durch die Freiheit geboten ist, auf die Ebene, wo real Entscheidungen möglich sind, sonst ist sie witzlos. Das ist häufig die EU-Ebene oder sogar die internationale Ebene. Denn wie eingangs dieses Buches dargestellt (Kapitel 3), wirkt aktuell die Globalisierung durch den drohenden Wettlauf um die niedrigsten Standards wie eine Entmachtung der nationalstaatlichen Parlamente, weil aus Konkurrenzgründen schlicht keine anspruchsvolle Sozial- oder Umweltregulierung mehr versucht wird. Genau hier kann auch die (wenn überhaupt) vielleicht wirksamste Antwort auf die Tendenz zu einfachen Wahrheiten ansetzen. Dabei geht es nicht nur darum, Demokratie durch die Wahl der richtigen Ebene wieder relevant werden zu lassen. Es geht auch darum, ihre ökologischen Voraussetzungen als eine besonders große heutige Problematik nicht erodieren zu lassen (Kapitel 5 und 12). Ebenso geht es darum, einen steigenden sozialen Druck zu überwinden (ohne dass dies als eine plumpe Kapitalismuskritik missverstanden werden sollte: Kapitel 11). Und damit einen weiteren Faktor, der heute den Wunsch nach einfachen Lösungen begünstigen kann und es von vornherein sehr erschwert, diskursive, auf Lernfähigkeit setzende Fortentwicklungen der Gesellschaft auf den Weg zu bringen (Kapitel 3).

Zweifellos hat die EU eine beispielsweise sozialen und ökologischen Anforderungen genügende Politik bislang nicht voll realisiert; doch hat sie wichtige Schritte in die richtige Richtung unternommen. Und sie bietet durch die Existenz ihrer etablierten Strukturen die Möglichkeit, weitere Schritte zu gehen. Stattdessen trifft man allerorten auf – auch durch eine vermeintlich nicht mehr demokratisch legitimierte Politik begünstigte (wenngleich im Ergebnis noch weniger demokratisch wirkende) – zunehmende Distanziertheit gegenüber der europäischen Ebene bis hin zu nationalistischen Tönen. Dies ist gerade in einer Zeit verheerend, wo angesichts von Eurokrise, Brexit, weiteren Exit-Bewegungen in anderen EU-Mitgliedstaaten und veränderter US-Politik mehr denn je offen ist, ob die EU im Schatten populistischer Bewegungen dauerhaft Bestand haben wird.

Sinnvoll wäre beispielsweise eine weitere Stärkung des europäischen Umweltrechts einschließlich seiner konsequenten Umsetzung, nicht etwa eine Rückbesinnung auf die nationale Perspektive. Und es muss Schluss damit sein, dass die politische Agenda zunehmend von EU-kritischen Themen und Bewegungen bestimmt wird und die massiven ökologischen Handlungsbedarfe dadurch weithin in Vergessenheit zu geraten drohen. Doch auch der Sozialstaat braucht eine stärkere europäische Flankierung. Ferner wäre es wichtig, real erlebbar zu machen, dass Politik heute oft eher »Brüssel« und eben nicht »Berlin« heißt. Dazu könnte beitragen, wenn anders als bisher EU-Parlamentswahlen tatsächlich mit europaweiten Kandidatenlisten und einheitlichen Wahlregeln und Programmen ablaufen, statt wie bisher im Grunde nationale Stimmungstests abzugeben. Dann würde die europapolitische Debatte vielleicht auch endlich weg von Fragen nach verschiedenen Integrations-Geschwindigkeiten und angeblicher Bürokratie hin zur Frage nach der am besten geeigneten Politikebene für bestimmte Themen gehen.

Das Gesagte gilt letztlich nicht nur für die EU, sondern auch im globalen Maßstab. Wenn die menschenrechtliche Freiheit global-grenzüberschreitend zu beachten ist (Kapitel 15) und damit etwa Deutschland nicht einfach folgenlos durch Treibhausgasemissionen die Welt erwärmen und das Leben in anderen Ländern gefährden darf, braucht man folgerichtig Institutionen, die die Freiheit der Menschen weltweit in Ausgleich bringen. Beispielsweise die WTO könnte und müsste den Weg von einer ursprünglich reinen Freihandelszone zu einem ökologisch-sozial aufgewerteten politischen Raum, verbunden mit finanziellen Hilfen für die Schwächeren, beschreiten. So könnte die Sozial- und Umweltstaatlichkeit weltweit wachsen beziehungsweise gegen einen Dumping-Wettstreit geschützt werden. All dies erleichtert auch einen friedlichen und (anders als beispielsweise seit 2003 im Irak) gelingenden Export von Freiheit und Demokratie[3] als historisch regelmäßige Folgen wachsenden Wohlstands und damit entschärfter sozialer Konflikte, was zugleich die kulturelle Konfrontation und das globale Terrorismusproblem entschärfen könnte. Indem man den scheinbaren ökonomischen Sachzwang zu niedrigen Umwelt- und Sozialstandards bricht, indem alle Staaten weltweit an ähnliche umwelt- und sozialpolitische Bedingungen herangeführt werden, verhindert man auch die drohende Machtlosigkeit der bereits existierenden nationalstaatlichen Demokratien. Und man bringt vielleicht einen Prozess auf den Weg, in dem irgendwann auch die globale Ebene wie heute schon die EU gewaltenteilige Institutionen bis hin zu einem Parlament oder wenigstens einer ähnlichen Einrichtung haben wird. Wobei dies eine offenkundige, bisher nicht gegebene Voraussetzung hat: dass die beteiligten Staaten ebenso demokratisch wären.

Anders als sonst meist bei völkerrechtlichen Vertragswerken ist die WTO formal mit Ministerkonferenz, Allgemeinem Rat, Sekretariat und gerichtsartigen Streitbeilegungsorganen stark institutionalisiert unter Einschluss von Gewaltenteilungsansätzen, wobei sogar ein relativ förmliches Rechtsetzungsverfahren und Mehrheitsentscheidungen vorgesehen sind. Das begründet ihre relative Ähnlichkeit zur EU und prädestiniert sie zumindest theoretisch dazu, wie die EU in ihrer Geschichte den Weg von der Freihandelszone zu einer politisch flankierten, mit bundesstaatlichen Elementen angereicherten Staatenvereinigung zu werden. Dabei müssten die bisher meist eher zahnlosen, unter dem Dach der UN entstandenen sozial- und umweltpolitischen Völkerrechtsverträge inhaltlich deutlich ambitionierter gestaltet und endlich auf volle Rechtsverbindlichkeit hin ausgelegt zum Bestandteil der WTO-Rechtsordnung werden. Wie dies für einen globalen Ausstieg aus den fossilen Brennstoffen (Kapitel 5) als besonders wichtiger globaler Umweltstandard aussehen könnte, habe ich andernorts betrachtet.[4] Die UN mit ihrem Friedenssicherungssystem (besonders mit dem Sicherheitsrat) könnte daneben weiterbestehen oder – in der visionären Welt des Wissenschaftlers an sich die konsistente Lösung – schrittweise ebenfalls mit dem neuen globalen Staatenbund verschmelzen. Aber noch einmal: Alle diese Wege sind schwierig, wenn auf nationalstaatlicher Ebene die Demokratie nicht vorankommt, denn aus lauter nationalen Diktaturen lässt sich keine globale Demokratie bauen. Insofern ist der Kampf gegen die Autoritarisierung auf der Nationalstaatsebene mit Hilfe einer globalen Konstitutionalisierung einerseits von höchster Dringlichkeit und andererseits in einem Teufelskreis gefangen. Denn genau die nationalstaatliche Demokratie ist aktuell unter Druck (Kapitel 12).

Der Weg der populistisch-nationalistischen Wiederverschließung würde demgegenüber die Machtlosigkeit des Volks im Hinblick auf negative Effekte durch Politik anderer Länder noch vergrößern. Gerade für die relativ kleinen europäischen Staaten ist der wohlfeile Ruf nach mehr nationaler Souveränität gleichbedeutend mit einer faktischen Schwächung des betreffenden Staats und des demokratischen Einflusses seiner Bürger. Daran gehen die Forderungen heutiger Populisten vollständig vorbei – wobei ihnen das allerdings nahezu niemand so deutlich sagt. Und selbst der größte und mächtigste Staat (wie vielleicht die USA) ist nicht sicher vor dem Wettlauf um die niedrigsten Standards und damit vor der schleichenden Entmachtung seiner nationalen demokratischen Institutionen.

Neben globalen Umweltstandards wie einem Ausstieg aus den fossilen Brennstoffen könnten allgemeine globale Sozialstandards vereinbart werden, ebenso wie Rahmenbedingungen zum Beispiel für die Weltfinanzmärkte und für den Schutz gegen Diktatur und (Bürger-)Krieg. Eine echte globale Öffentlichkeit, die politische Fragen zusammenhängend diskutieren und dadurch Kontrolle ausüben könnte, wie sie eine gewaltenteilige Demokratie braucht, könnte für diese Bereiche nach und nach entstehen.[5] Optimistisch gesprochen, ist sie bei international wahrgenommenen Ereignissen, über die gerade im Internet weltweit kommuniziert wird, bereits auf dem Weg. Problematisch wäre es dagegen, wenn, wie im Gefolge der geplanten Freihandelsverträge

TTIP und CETA mit den USA und Kanada zu befürchten, durch private Schiedsgerichte und regulatorische Zusammenarbeit in Freihandelszonen der demokratische Gesetzgeber faktisch oder rechtlich schleichend entmachtet wird, ohne dass im Gegenzug eine handlungsfähige transnationale Regulierungsinstanz geschaffen wird.[6] Und auch sonst gilt: Bisher steht gerade die WTO, indem sie wesentliche politische Entscheidungen auf eine nur sehr indirekt demokratisch rückgebundene internationale Ebene verlagert, ohne selbst parlamentarisiert zu sein, für eine nur bedingt demokratische globale Politik. Denn die nationalen Parlamente, so es denn welche gibt, können die Weiterentwicklungsverträge der WTO immer nur insgesamt annehmen oder ablehnen, nicht aber Einzelfragen mitbestimmen.

Mit der Demokratisierung und Stärkung der europäischen und internationalen Politik wird absehbar auch darüber entschieden, inwieweit Demokratie und Kapitalismus auch künftig vereinbar sein werden. Aktuell stechen diesbezüglich zwei Probleme ins Auge:

Obwohl der »wirkliche« Globalisierungs-Druck auf die Industriestaaten wohl erst noch bevorsteht, sobald die südlichen Länder umfassender konkurrenzfähig sind, prägt die Globalisierung schon heute zunehmend das Alltagsleben, und dies nicht nur durch eine zunehmende Produktvielfalt. Dabei werden große Wahlfreiheiten, selbst wo wir sie haben, nicht jeden nur freuen. Denn Regeln, Korsette und Normalbiografien, wie sie uns zunehmend abhandenkommen, zwängen zwar ein – sie können aber auch einen gewissen Halt geben. Auch wenn die formale Freiheit in westlichen Gesellschaften immer größer wird, kommt auf diese Weise der »Sachzwang« eines globalen Wettbewerbs zunehmend beim Einzelnen an, selbst in den reichen westlichen

Ländern. Im Zuge der Individualisierung ist eine Haltung gewachsen, die immer größere Erwartungen und Hoffnungen auf ein kreatives und außergewöhnliches individuelles Leben hegt – die aber gerade darum notwendigerweise immer häufiger enttäuscht wird. Es kann nun einmal nicht jeder Maler, Graphikdesigner oder Filmstar werden. Der Druck auf Arbeitsmarkt und Sozialstaat wird weiter zunehmen, auch im Lichte der eingangs geschilderten Digitalisierung und Automatisierung (Kapitel 2). Weshalb für immer mehr Menschen Alternativen zum herkömmlichen Arbeitsmarkt nötig sein werden. Auch wenn sich totale Chancengleichheit wie gesagt nicht sinnvoll ausbuchstabieren lässt (Kapitel 8), ist es doch nötig, den Menschen greifbare Teilhabemöglichkeiten auch in ökonomisch-sozialer Hinsicht anzubieten, will man nicht populistischen einfachen Lösungen das Feld überlassen. Dazu muss jedoch eine politische Einrahmung des Wirtschaftens überhaupt möglich bleiben. Und das geht nur transnational.

Das andere Problem ist: Was wird langfristig betrachtet aus der Demokratie, wenn eine konsequente Nachhaltigkeitspolitik in eine Postwachstumsgesellschaft mündet? (Zu den Differenzierungen siehe Kapitel 8.) Es ist eine historische Erfahrung, dass mit dem Entstehen kapitalistischer Wohlstandsgesellschaften tendenziell auch die freiheitliche Demokratie Einzug hält. Freilich sind die Industriestaaten (nicht allerdings die Bevölkerungsmehrheit in den Entwicklungsländern) mittlerweile so reich, dass man sich fragen kann, ob wirklich ein Nachhaltigkeits-Postwachstumspfad sie ernstlich durch wieder aufbrechende scharfe Verteilungskonflikte destabilisieren könnte. Sarkastisch könnte man die Diagnose, der Wachstumsgedanke mache friedliche Demokratie möglich, noch etwas anders in Frage stellen: Führen die Industriestaaten statt Eroberungskriegen nicht heute auch eine Art »kalten« Krieg gegen die Bevölkerungsmehrheit in vielen Ländern des globalen Südens (maßgeblich unterstützt von den dortigen Eliten) und gegen künftige Generationen, denen wir die Folgen des Klimawandels und der Ressourcenverschwendung auferlegen?

Dass der Drang zu einfachen Wahrheiten es gerade unwahrscheinlich macht, dass die Demokratie sich transnational stärker ermächtigt, liegt auf der Hand. Doch eine Verteidigung der Demokratie wird zukünftig nur funktionieren, wenn sie die internationalen Institutionen erfasst – und wenn sie schrittweise alle Staaten der Welt erfasst, ist doch das eine faktisch mit dem anderen verknüpft. Die Hoffnung aufgeben sollte man trotz aller begrenzter Wahrscheinlichkeit nicht. Es hat historisch auch eine Zeit gedauert, bis aus lokalen Fürstentümern große Staaten wurden. Und vielleicht werden die Menschen, ebenso wie bei der Gründung des Nationalstaates, irgendwann erkennen, dass zur Wahrung ihrer Eigeninteressen eine neue, andere Politikebene als die nationale nötig ist.

20. Weitere Schritte: Einfachheit auch mal nutzen, Populisten ignorieren, Medien transformieren

Neben Reformen und transnationalem Ausbau von Institutionen (Kapitel 18 und 19) gibt es weitere Schritte gegen einfache Wahrheiten, die wiederum kein Zaubermittel beinhalten und wiederum vielleicht scheitern werden:

- Hinreichend komplexe Entscheidungen und eine Mitwirkung aller Akteure im politischen System hieran erfordern es, politische Entscheidungen so einfach zu halten, wie es eben möglich ist, wenn man realistischerweise von sich nicht völlig ändernden Menschen ausgeht. Man findet schon in der Philosophiegeschichte »Ockhams Rasiermesser«, der bei Erkenntnisakten quasi messerscharf genau so viel Komplexität zulassen wollte, wie nötig ist. Das ist ein wesentlicher Gedanke; auch sonst kann man Ockham durchaus in vielen Punkten als Vorläufer moderner Vorstellungen deuten. Insofern ist zu beachten, dass Komplexität teils auch künstlich herbeigeführt (oder herbeigeredet) wird, um mitunter durchaus einfache Schritte für konkret sinnvolle Maßnahmen von interessierter Seite zu verhindern. Zum Beispiel müssen ein Steuer- und ein Sozialversicherungssystem nicht notwendigerweise so komplex sein, dass selbst ein durchschnittlicher Abgeordneter sie unmöglich verstehen kann. Und auch die Umweltpolitik kann wesentliche Leitentscheidungen durchaus so strukturieren, dass allen politischen Akteuren – und sogar der breiten Bevölkerung – ihre Reichweite bei weitem deutlicher wird als bislang. Die Umstellung der Klimapolitik auf ein Hauptinstrument, nämlich ein stufenweises Auslaufenlassen der fossilen Brennstoffnutzung (Kapitel 5 und 8), wäre hierfür das wesentliche Beispiel. Gleichzeitig muss uns allen die von den Problemen her unvermeidliche Komplexität zugemutet werden. Man darf zum Beispiel (Kapitel 7) die Migrationsdebatte nicht in einer Weise führen, die verdeckt, dass wir Bewohner der Industriestaaten mit unserem Hunger nach Öl einschließlich der daran geknüpften Unterstützung diverser Diktaturen im Nahen Osten seit Jahrzehnten den Nährboden für Kriege, Bürgerkriege und Terrorismus wesentlich mit beeinflusst haben. Steuern wir konsequent weg von den fossilen Brennstoffen, werden auch friedliche Lösungen im Nahen Osten zumindest wahrscheinlicher, ohne dass allein das schon ausreichend wäre. Und es werden so auch Migrationsbewegungen ganz neuen Ausmaßes deutlich unwahrscheinlicher, wie sie der Klimawandel auslösen könnte.

- Hilfreich wäre ferner, wenn die Politik den Bürgern viel umfassender als bisher reinen Wein einschenken würde. Wenn zum Beispiel über Globalisierung geredet wird, sollte nicht so getan werden, als sei es damit getan, dass wir alle uns im Stil der berühmten Ruck-Rede des früheren Bundespräsidenten Roman Herzog einfach mal ein bißchen am Riemen reißen und vielleicht den Sozialstaat noch etwas zurückbauen. Es sollten vielmehr die eben diskutierten transnationalen Perspektiven thematisiert werden. Und wenn über den Klimawandel geredet wird, sollten sich abzeichnende ökonomische Katastrophen durch Klimawandelfolgeschäden, Kriege und Migrationsströme offensiv angesprochen werden, statt nur darüber zu lamentieren, dass ein Ausstieg aus den fossilen Brennstoffen kurzfristig den Strompreis etwas erhöhen könnte. Reinen Wein einzuschenken, schafft nicht nur Wissen, das bekanntlich unser aller Verhalten nur begrenzt beeinflusst (Kapitel 9). Es durchbricht vielmehr eine wesentliche emotionale Schranke wenigstens teilweise: unsere ständige Verdrängung und Beschränkung auf unterkomplexe Weltdeutungen.
- Wenn einfache Wahrheiten menschlich sind, ist auch der wissenschaftliche Diskurs nicht vor einfachen Wahrhei-

ten gefeit. Dabei hätte gerade Wissenschaft als Fakten- und Argumente-Lieferant eine wichtige Rolle darin, die inhaltliche Qualität politischer Entscheidungen zu steigern und damit die Gefahr ihrer Angreifbarkeit zu minimieren. Das sahen wir bereits; auch Wissenschaftler neigen zu Vorurteilen, Gruppendenken und so weiter. Zudem gibt es starke Anreize, die einfachen Wahrheiten von Politikern und Gesellschaft noch extra zu bedienen, notfalls wider besseres Wissen. Denn Wissen, das die Positionen der politischen Akteure in Frage stellt oder das die administrativen Apparate vor große operative Herausforderungen zu stellen scheint, wird hingegen oft ignoriert. Die Idee, dass wissenschaftliche Evidenz praktische Politik anleiten sollte, verkehrt sich mitunter gar ins Gegenteil: Die Politik prägt nicht nur die Evidenzrezeption, sondern auch die Evidenzproduktion. Wenn lukrative Beratungsaufträge winken, kann das schon mal die vermeintlich rein wissenschaftlichen Ergebnisse beeinflussen. Unbequeme Einsichten werden damit absehbar unwahrscheinlicher zugunsten mittiger Befunde, die den Status quo weitgehend bestätigen. Gerne werden auch immer gleiche Ergebnisse einfach wiederholt, ohne dass die Politik überhaupt merkt, dass sie mehrfach fürs Gleiche bezahlt. Wissenschaftler zumindest in den Humanwissenschaften überblicken meist auch nicht mehr ansatzweise, was in ihrem Bereich alles schon erforscht und publiziert worden ist. Nötig wären Transparenzregeln, die die kommerziellen Interessen und Finanzierungsquellen von den im Beratungsmarkt aktiven Wettbewerbern offenlegen. Nötig wäre ferner in der Wissenschaft und auch in der Politik ein besseres institutionelles Gedächtnis für bereits erreichte Befunde.

Auch Universitäten müssten jedwede Kooperation mit der Politik und auch mit Unternehmen viel genauer offenlegen als bislang. Und Wissenschaftler müssten der Einflüsterung von Medienberatern widerstehen, die ihnen wegen der leichteren Transportierbarkeit das Spiel mit den einfachen Wahrheiten nahelegen. Und wir Wissenschaftler selbst müssten uns selbst pausenlos rigide ermahnen, einfach mal auf Gruppendruck und persönliche Karriere-Optimierung durch ungefährliche Mainstream-Positionen zu pfeifen. Wie auch bei den anderen Handlungsoptionen fällt sofort ins Auge, wie schwer das umzusetzen sein wird.

- Der Umgang mit Populisten sollte sich ändern.[7] Momentan wird jedes Statement von populistischer Seite verteufelt und ausführlich besprochen, mit dem Ergebnis, dass sie – »das wird man doch wohl mal sagen dürfen« – vielen Menschen als vermeintliche Opfer immer sympathischer werden. Hier würde zunächst ein stärker amerikanisches Meinungsfreiheitsverständnis helfen, das ganz grundsätzlich damit rechnet, dass sehr vieles gesagt werden darf, einerlei ob es nun schlau oder dumm ist. Populisten stärker zu ignorieren, Wähler nicht mit ihnen gleichzusetzen, sie nicht pauschal mit Nazis gleichzusetzen, aber auch die Inkompetenz der Populisten offenzulegen, könnte den Populismus nicht nur eindämmen und ihn der Selbstdemontage überlassen. Es könnte ihn sogar produktiv nutzen, indem man ihn als Seismografen für bestimmte Problemlagen begreift, selbst wenn Populisten selbst keine nützlichen Problemlösungen liefern können oder wollen. Eskalationsspiralen dürften auch außenpolitisch gegenüber aktuell populistisch regierten Staaten wenig hilfreich sein, weil das genau die

Solidarisierung auf nationaler Ebene befördern kann, auf die populistische Politiker hoffen.

- Zur klassisch-liberalen Gewaltenteilung gehören gerade auch unabhängige Medien, deren Rolle sich freilich im Zuge einfacher Wahrheiten in der digitalen Welt zunehmend eher ins Gegenteil verkehrt, jedenfalls in Gestalt der sozialen Medien – nämlich Diskursverhinderung statt Diskursermöglichung. Technische Rahmenbedingungen wie die Digitalisierung können einfache Wahrheiten sowohl fördern als auch zurückdrängen helfen. Die alte Zeitungs- und Verlagslandschaft ist vom Untergang bedroht, so dass selbst Reformen wie öffentlich-rechtliche Zeitungen und öffentlich-rechtliche Verlage kein Tabuthema sein dürfen.

21. Lernfähigkeit steigern, Komplexität aushalten – Frieden schließen mit unserer biologischen Natur?

Wenn gesellschaftlicher Wandel nur im Wechselspiel verschiedener Akteure gelingt, ist ein angemessenerer Umgang mit dem Phänomen einfache Wahrheiten auch auf die allgemeinmenschliche Lernfähigkeit und unsere Bereitschaft zu genauem Denken angewiesen. Man kann daher zum Abschluss auch fragen: Und was tue ich? Sollte es wider alle Wahrscheinlichkeit gelingen, die einfachen Wahrheiten in ihre Schranken zu verweisen, dann nur, wenn wir alle uns selbst jeden Tag dazu erziehen, um nicht zu sagen: aus besserer Einsicht dazu zwingen. Unbequem sein. Offen sein. Uneindeutigkeit zulassen. Kritik und Selbstkritik zulassen. Wissen vermehren und gleichzeitig wissen, wie wenig Wissen allein ausrichtet. Konstruktiv bleiben. Sich in Vereinen, Parteien, im Internet engagieren. Mit Familienmitgliedern, Freunden, Nachbarn über gesellschaftliche Themen reden. Selbst dem Reden Taten folgen lassen. In diese Richtung müssten wir gehen. In letzter Instanz sind wir damit bei einer Forderung, selbst besser zu werden und die Grenzen unserer Lernfähigkeit auszuloten, ohne dabei in marxistische Vorstellungen davon zu verfallen, dass im Kern die Verbesserung der sozial-ökonomischen Rahmenbedingungen den Menschen zu einem wohlüberlegten Altruisten mache. Den Versuch der Selbstverbesserung werden wir trotz seines ungewissen Ausgangs (Kapitel 9 bis 11) unter allen Umständen benötigen.

Ungeheuer hilfreich wäre es, wenn das kontinuierliche politische Engagement zunähme, genauer gesagt: wieder zunähme. Gemeint ist damit die reale politische Beteiligung und nicht die Analyse der Welt vom heimischen Feldherrensofa aus oder der intensive Talkshow-Konsum. Es geht weniger um solche reinen Beobachter-Foren, ob nun Talkshows oder auch Hörsäle mit lauter Gleichgesinnten, wo die einfachen Wahrheiten besonders gut verfangen. Sondern darum, sich konkret in der repräsentativen Demokratie zu engagieren. Zum Beispiel in einer Partei oder einem Umweltverband. Anders als in der Feldherrensofa-Perspektive, die den Populisten eher noch Angriffsfläche bietet, müssen dann konkrete, fundierte Einschätzungen und Entscheidungen getroffen werden.

Es wäre ferner essentiell wichtig, dass alle Beteiligten die Herausforderungen offener Gesellschaften durch Individualisierung und Pluralisierung, die zugleich gerade charakteristisch für solche Gesellschaften sind, realistisch erfassen. Jene Faktoren können nämlich auch bedeuten, dass man sich wechselseitig nur noch ignoriert – oder im Internet beschimpft – oder in letzter Instanz irgendwann wir alle im beschriebenen Globalisierungs-Beschleunigungs-Teufelskreis an persönliche Grenzen stoßen.

Mit alledem geht es letztlich darum, Frieden zu schließen mit unserer biologischen Natur, die wir nicht hinter uns lassen können, zu der aber eben auch die Lernfähigkeit gehört, mit allerdings offenem und latent durchaus skeptisch zu sehendem Ausgang. Unsere eigene Endlichkeit, die oft unser Geltungsstreben zu multiplizieren scheint, sollte uns dabei eher tröstlich sein – selbst wenn wir scheitern, haben wir sub specie aeternitatis wenig zu verlieren. Würde man daraus eine allgemeine Bildungsstrategie machen wollen, müsste man primär diese menschlichen Seiten, das genaue Erklären menschlichen Verhaltens, ins Zentrum stellen. Selbstoptimierung ist hier auch nicht einfach eine perfide Erfindung einer neoliberalen Globalisierung mit ihrem beschriebenen immer größeren Druck. Während sich die »Ich bleib so wie ich bin«-Fraktion in intellektueller Mumifizierung erschöpft, bildet die Bereitschaft zur steten Selbstverbesserung einen Kontrapunkt zum postmodernen Lifestyle-Fatalismus und bietet auch eine politische, engagierte Dimension. Und ohne diese Dimensionen werden die einfachen Wahrheiten die offene Gesellschaft wohl zu einer historischen Ausnahme machen.

Anhang

Anmerkungen

Die nachstehend genannten Texte geben zugleich eine Auswahl aus vielen weiteren Publikationen zu den behandelten Themen, und jene zitieren regelmäßig vielfältige andere Literatur. Für einen generellen Hinweis bezogen auf die Gesamtthematik dieses Buches, oft ausführlichere Behandlungen der hier diskutierten Fragen und weitere Literaturnachweise zu jenen Fragen siehe die erste Anmerkung. Das Kürzel »ff.« weist darauf hin, dass längere Abschnitte ab der zitierten Seite gemeint sind.

Kerngedanken und Vorwort des Buches (S. 9–13)

1 Siehe für den an einer streng fachwissenschaftlichen Abhandlung der vorliegenden Themen – und an ausführlicheren Literaturnachweisen interessierten Leser zu allen Bereichen Ekardt 2016.

I. Einfache Wahrheiten – auf dem Vormarsch? (S. 15–39)

1 Zu den aktuellen tagespolitischen Entwicklungen und der Populismus-Debatte etwa Vetter 2017; Fücks 2017.

2 Zu den tagespolitischen Entwicklungen und der Populismus-Debatte wieder Vetter 2017 und Fücks 2017.

3 Ausführlich dazu Sassen 2008, S. 249 ff.; für eine Analyse der »Weltgesellschaft« siehe Kreide / Niederberger 2016.

4 Bei Verstoß eines Mitgliedstaates gegen die abgeschlossenen Verträge durch eine staatliche Maßnahme, die das WTO-Recht verletzt, kann ein anderer Staat bei dem Dispute

Settlement Body (DSB), dem Streitschlichtungsorgan der WTO, Beschwerde gegen den Verletzer einlegen. In einem sogenannten Panel wird die Streitfrage dann anhand der WTO-Verträge entschieden. Die unterlegene Partei hat die Möglichkeit, gegen das Urteil Berufung beim Appellate Body einzulegen. Jedoch muss der angegriffene Mitgliedstaat nach der Feststellung, dass die angegriffene Maßnahme vertragswidrig ist, die Maßnahme aufheben. Ausführlicher zur WTO Ekardt 2016, § 7; Ekardt / Unnerstall / Garske 2016.

5 Zu manchen Wirkungen der Globalisierung auf die Demokratie auch Helms 2007.

6 Vgl. Reich 2008, S. 174 ff.; Rodrik 2011.

7 Vgl. Rodrik 2011, S. 15 f. und 248 ff.; Radermacher / Beyers 2011, S. 310 ff.; vgl. auch Krieger 2008.

8 Exemplarisch für diese Friktion Westle 2009, S. 37; Hamann 2014, S. 107; Roose 2006; Hulme 2013, S. 97 ff.; verwirrend auch A. Weber 2008, S. 11 ff. und 23 ff. Man sieht hier, dass für empirisch arbeitende Sozialwissenschaftler die Vorstellung, Wissenschaft könne normative und dabei objektive Aussagen treffen, nicht selten so abwegig erscheint, dass gar nicht verstanden wird, was überhaupt gemeint ist (es wird dann zum Beispiel angenommen, eine normative Theorie müsse dennoch irgendwie eine »empirische« Basis haben).

9 In der Tat bildet M. Weber 1984, S. 146 ff. die nachstehend entwickelte Scheidung (empirisch versus normativ meint nicht objektiv versus subjektiv) selbst nicht klar ab.

II. Einfache Wahrheiten: Wie sie auch jenseits populistischer Debatten allgegenwärtig sind (S. 41–68)

1 Im Einzelnen zu allen Aspekten dieses Abschnitts Ekardt 2016 und Ekardt 2017.

2 Vorgerechnet bei Ekardt 2016 mit den IPCC-Daten.

3 Ausführlich zum Folgenden Ekardt 2016, § 1 B. III.

4 Vgl. Jackson 2011; Paech 2012; Scheidler 2015, S. 205 ff.; Jensen / Scheub 2015, S. 13 ff.

5 Beispiele dafür (ohne die klare Unterscheidung zur gesamtwirtschaftlichen Entwicklung) bei Heyen / Fischer u. a. 2013, S. 18.

6 Beispiele für wachstumslose Unternehmen finden sich bei IÖW 2015, S. 5 ff.

7 Für die Unwirtschaftlichkeit von Suffizienzoptionen in der Tat Jakob / Edenhofer 2014, S. 447 ff. Dort wird m. E. übersehen, dass der rein technische Weg nicht gangbar ist, wenn 95 % Emissionsreduktion beim Klima erreicht, die Verlagerung der Probleme in andere Länder revidiert und weitere Umweltprobleme (Biodiversität, Stickstoffkreislauf und so weiter) parallel gelöst werden sollen. Schief erscheint zudem, dass dort wohl unterstellt wird, es werde mehr Suffizienz in Ansatz gebracht, als zur Ergänzung der technischen Optionen nötig ist; analoge Probleme zeigen sich bei Fücks 2013, S. 69 ff.; zutreffend Stengel 2011, S. 163.

8 Beispielsweise Stern 2009, S. 11 oder S. 92; Paqué 2010, S. 72 ff.; Fücks 2013, S. 69 ff.; Sukhdev 2013, S. 209 ff.; zur Empirie des Wachstums über die Jahrzehnte und Jahrhunderte eingehend Piketty 2015, S. 105 ff.

9 Die technischen Möglichkeiten wurden zwar unterschätzt bei Meadows u. a. 1972, gleichzeitig wurde dort (u. a. in Unkenntnis des Klimawandels) aber die Umweltsituation deutlich zu günstig eingeschätzt; zutreffend dazu Klingholz 2014; einseitig die Auslassungen betonend Fücks 2013, S. 81 ff.; tatsächlich überholt hat sich die Skepsis von Malthus 1977, der grundlegend die technologische Dynamik verkannt hat.

10 Siehe etwa Enquête-Kommission 2013 (mit einer Darstellung diverser existierender Ansätze auf S. 302 ff.); Jakob / Edenhofer 2014.

11 Dazu jetzt eingehend Gordon 2016.

12 Deutlich angemerkt von Hey 2012, S. 125 ff.; Fücks 2013, S. 120 ff.; Herrmann 2015, S. 239 ff.; Klingholz 2014, S. 303 ff., jeweils (gegebenenfalls außer Fücks) aus ökologischer und durchaus wachstumskritischer Perspektive.

13 Zu einigen der folgenden Punkte Fücks 2013, S. 120 ff.; Muraca 2015, S. 84 und passim; Ekardt 2016, § 1 B. III.–V.; kurz Heyen / Fischer u. a. 2013, S. 18.
14 Ausführlich zu Glücksforschung, Wachstum und menschlichem Verhalten Ekardt 2017 und Ekardt 2016.
15 Vgl. auch zu einigen weiteren Problemen des Umgangs mit unterschiedlichen Talenten Sennett 2002, S. 87 ff.; Vogt 2009, S. 406 ff.; Ekardt 2016, § 4 F. III.
16 Der Egalitarismus wird dagegen weiterhin vertreten zum Beispiel von Dworkin 2006; die Unmöglichkeit genau einer sozialen Gerechtigkeitsidee zeigen auch Sen 2010, S. 41 f. und Ekardt 2016, § 4 F. III.
17 Vgl. auch Sennett 2002, S. 299 ff.

III. Verhaltensforschung: Woher kommt die allzu menschliche Neigung zu einfachen Wahrheiten? (S. 69–94)

1 Ausführlich Ekardt 2016, § 2 und Ekardt 2017.
2 Dazu anhand des Bodenschutzes Ekardt / Lazar 2003, S. 237 ff.; zum Fluglärm Ekardt 2010; allgemein Ekardt 2016.
3 Dazu etwa Sunstein / Reisch 2013, S. 119 ff.; Lottermoser 2014, S. 89 ff.
4 Diese subjektive Wahrnehmungsrelevanz figuriert in der Schnittmenge von Politikwissenschaft und Psychologie zum Beispiel als Schematheorie; siehe Otto 2015, S. 69 ff.; dahinterstehend etwa Piaget 1972.
5 Eine statistische Erhebung bietet http://www.spiegel.de/wirtschaft/unternehmen/gruenen-waehler-halten-rekord-bei-flugreisen-a-1002376.html.
6 Der jeweils aktuelle Stand kann nachgelesen werden in den regelmäßigen Erhebungen auf www.uba.de/umweltbewusstsein.
7 Ausführlich Ekardt 2016, § 2 und Ekardt 2017.
8 Vgl. Akerlof / Shiller 2009, S. XI, 21 und passim; Selten 2011, S. 24 ff.; Enquête-Kommission 2013, S. 438 f.; Klöhn 2006, S. 95 ff.; Dean 2013, S. 170 f.

9 Etwa bei MacKay / Cramton / Ockenfels / Stoft 2015, S. 315 ff.; Selten 2011, S. 24 ff.; Konrad / Zschäpitz 2010, S. 142 ff.
10 Ausführlich Ekardt 2017; ferner Ekardt 2016, § 2, wie immer jeweils mit weiteren Nachweisen.
11 Dazu beispielsweise Milinski / Marotzke 2015, S. 98 ff.
12 Hierzu und zum Folgenden Liedtke 2011, S. 37 ff.; Kahneman 2011, S. 20 f. und passim; Akerlof / Shiller 2009, S. XI, 21 und passim; Steinberg 2013, S. 102 und passim; ausführlich zu Gewohnheiten Dean 2013, S. 15 ff.
13 Pars pro toto Liedtke 2011, S. 37 ff.; Steinberg 2013, S. 102 und passim.
14 Die psychologische und biologische Literatur in Umweltfragen zu den folgenden Punkten wurde teils bereits von Ekardt 2001, § 13. 3.c. dokumentiert; ferner Kuckartz 2010, S. 144 ff.; Blöbaum 2008, S. 233 ff.
15 Dazu Pauen / Welzer 2015, S. 119; Janis 1972, passim.
16 Hierzu aus psychologischer Sicht Beyerl 2010, S. 247 ff.
17 Vgl. Milgram 1982, S. 183; Welzer 2013.
18 Vergleiche dazu mit Bezug auch auf den existenzialistischen und psychoanalytischen Diskurs Jackson 2013, S. 53 ff.; Santarius 2015, S. 154 f.; Ekardt 2001, § 13 4.c.
19 Vgl. Stoll-Kleemann / O'Riordan / Jaeger 2001, S. 107 ff.; weitere Nachweise bei Ekardt 2001, § 13. 3.
20 Siehe Stoll-Kleemann / O'Riordan / Jaeger 2001, 107 ff.
21 Siehe Milgram 1982, S. 183; Welzer 2013; ferner ausführlich Ekardt 2017.
22 Vgl. Wilson 2013; Nowak / Highfield 2013, S. 9 ff. und 39 ff.; Tomasello 2014, S. 9 ff.; teilweise kritisch Ekardt 2016, § 2 E.
23 Vgl. Wilson 2013; Nowak/ Highfield 2013, S. 9 ff. und 39 ff.
24 Vgl. Hannover 2014, S. 892 f.; Irrgang 2001, S. 226 ff. und 235 ff.
25 Kritisch auch Irrgang 2001, S. 226 ff. und Nagel 2013, S. 11 ff. Die empirische Forschung kann übrigens soziale Geschlechter-Stereotype bei Kleinkindern schon in einem Alter nachweisen, in dem zweifelhaft ist, ob diese ihr biologisches Ge-

schlecht überhaupt korrekt bestimmen können. Siehe dazu Hannover 2014, S. 892.

26 Hierzu und zum Folgenden Hasler 2012; von Harbou 2014, S. 128ff.

27 Ausführlich jetzt Nagel 2013, S. 11ff.; ferner Irrgang 2001, S. 301ff.

28 Experimentelle psychologische Befunde bieten Heath / Heath 2013, S. 285 und passim; Liedtke 2011, S. 37ff.; Soff 2011, S. 85ff.

29 Vgl. Engel / Kurschilgen 2015, S. 1 und passim; Nowak / Highfield 2013, S. 292ff.

30 Vgl. Welzer 2013, S. 146ff. und 248ff.; Heyen / Fischer u.a. 2013, S. 20.

31 Ausführlich Ekardt 2016, § 2 und Ekardt 2017.

32 Siehe dazu Ekardt 2017; Ekardt 2016, § 2 G.

IV. Freiheit, Demokratie, Rationalität: Warum einfache Wahrheiten die Demokratie untergraben (S. 95–141)

1 Dazu insbesondere Diamond 2005; Radkau 1999.

2 Ausführlich dazu Acemoglu / Robinson 2013.

3 Vgl. Habermas 2009, S. 26f.; Stamp 1998, S. 30ff.

4 Vgl. statt vieler Berger / Luckmann 1960, S. 2 und Otto 2015, S. 35ff.

5 Ebenso für genau diese Differenzierung der Klassiker Berger / Luckmann 1960, S. 2, die nur einen soziologischen Konstruktivismus behandeln (allerdings meist unbemerkt; in der Scheidung m. E. nicht klar der »alte« Habermas 1968, S. 262ff.; siehe für die schiefe Wahrnehmung etwa Scholz 2011, S. 38. Ein philosophischer Konstruktivismus findet sich etwa bei Watzlawick 2004. – Auf einen separaten Begriff »analytisch« wird vorliegend verzichtet; sein Verhältnis zu »objektiv« wäre dabei m. E. wenig klar.

6 Zur zuletzt genannten Unterscheidung von der Pfordten 2010, S. 54f.; Stamp 1998, S. 57ff.

7 Dies wie auch die anderen Argumente »für« Wahrheit fehlen bei Stamp 1998, S. 30 ff., 57 ff.

8 Die Scheidung objektive Tatsachenaussage versus subjektive Tatsachensetzung / objektive versus subjektive Wertung deckt sich in der Intention mit der Scheidung Risikoabschätzung / Risikobewertung / Risikomanagement, die sich findet bei der früher zeitweise existenten Risikokommission 2003; die vorherrschende Vermengung findet sich dagegen bei Eidenmüller 1999, S. 53 ff.; zu wenig die Ebenen auseinanderhaltend auch Jaeckel 2010, S. 243 ff.

9 Man kann dem Gesagten auch nicht so entkommen, dass man (wie Rorty 1994, S. 47) Wahrheit als das versteht, »was sich bewährt«. Denn dafür, wann dies der Fall ist, wäre wiederum ein objektives Kriterium nötig. Auch die von der älteren Diskurstheorie empfohlene Konsenstheorie, nach der die Wahrheit durch einen begründeten (nicht nur faktischen) Konsens der zuständigen Personen im Diskurs bestimmt werden soll, leidet an Friktionen. Denn was ist mit den zahlreichen historischen Fällen, in denen alle Akteure oder wenigstens die übergroße Mehrheit sich in schweren Irrtümern befanden? Die Konsenstheorie wurde von Habermas 1999, S. 239 und 286 ff. daher aufgegeben.

10 M. E. nicht treffend daher Scarano 2012; von der Pfordten 1993, S. 48 ff.

11 Vgl. als Beispiel für die wenig klare Rezeption der Differenzierung Häberle 1974, S. 14 f. und Rühl 1998, S. 224 ff. – Zutreffend ist ferner natürlich, dass Tatsachenerhebungen nur unter Anbringung eines theoretischen Hypothesenrahmens möglich sind. Das widerlegt jedoch die Sein-Sollen-Scheidung nicht: Erfahrungswissenschaftliche Theorien sind keine Normen. Vielmehr dienen sie nur der Hypothesenformulierung und sind bei Widerlegung durch empirische Beobachtungen abzuändern.

12 Insoweit zutreffend Hulme 2013, S. 312 ff.

13 Treffend dazu Gronemeyer 2009, S. 30 ff.

14 Dies wird zum Beispiel in der Soziologie, der Kultur-, der Politik- oder auch der Literaturwissenschaft oft vergessen, wo das Einräumen von Fallibilität regelmäßig mit der Aufgabe des Objektivitätsanspruchs kurzgeschlossen wird (ohne zu reflektieren, welchen Status ebenjene Aussage selbst – objektiv oder subjektiv? – dann wohl haben mag); exemplarisch Otto 2015, S. 27f.

15 Werte beziehungsweise Wertungen (oder weithin synonym dazu: Normen) dürfte hierbei der Oberbegriff sein, und die (Grund-)Ordnung einer Gesellschaft meint ein bestimmtes System solcher Werte beziehungsweise Wertungen.

16 M.E. eher verwirrend wäre es, hier mit Scholz 1998, S. 309ff. einen neuen Begriff wie »kollektive Rationalität« zu bilden, der zudem weniger erkenntnistheoretisch als vielmehr so gemeint ist, dass sich Erkenntnis sinnvoll nur diskursiv vollziehen kann (was inhaltlich zutrifft: Ekardt 2016, § 3 F.).

17 Im Grundsatz geht die damit vorgeschlagene Scheidung von drei Aspekten der Rationalität auf Kant zurück. Rezipiert und erweitert, aber auch verändert findet sich das Modell erneut einleitend bei Habermas 1981 (wo die instrumentelle Vernunft allerdings unscharf mit Effizienz statt mit Effektivität überschrieben wird; dazu Ekardt 2016, § 1 D. III. 2.). – Nicht identisch ist die vorliegende Scheidung mit der von Max Weber verwendeten Scheidung von Zweck- und Wertrationalität; zu deren Zweifelhaftigkeit Ekardt 2016, § 2 C.

18 Begründungsansätze, die dem vorliegenden (teilweise) ähnlich sind, entwickeln dagegen (ohne Bezug zur Nachhaltigkeit und zum Klimaschutz) Alexy 1995, S. 127ff.; Illies 2003, S. 129ff.; Kuhlmann 1985; Habermas 1983, S. 56ff. Die Klassiker Immanuel Kant und John Rawls bleiben demgegenüber mindestens unvollständig; dies klingt im Fließtext kurz an. Ausführlich dazu schon Ekardt 2016, § 3; kürzer Ekardt 2017.

19 Ebenso – nur meist übersehen – für genau diese Differenzierung das berühmte Werk von Berger / Luckmann 1960, S. 2; näher Ekardt 2016, § 1 D. II.

20 Deswegen kann etwa Engländer 1997 nicht sagen, es ginge nur um »kulturrelative Richtigkeit«. Natürlich ist auch ein gemäßigter Skeptiker denkbar, der zwar in Gerechtigkeitsfragen die Entscheidbarkeit mit Gründen bezweifelt, aber jenseits dessen »Gründe« für möglich hält, etwa im Sinne von: »Im Rahmen meines konkreten Lebensplanes halte ich meine Entscheidung XY für gut begründet.« Nur würde dies dann nichts daran ändern, dass besagter Skeptiker, indem er die »Ausgangsprinzipien« seines Lebensplanes für letztlich unbegründbar erklären würde, eben doch keine »echte« Begründung für möglich halten dürfte.

21 In der Tendenz zum Teil ähnlich Somek / Forgo 1996, S. 82 f.; Alexy 1991, S. 17 ff. Es ist deshalb irreführend, wenn Systemtheoretiker von der »Beobachtung« des Rechts sprechen, sofern sie damit ihre eigene Interpretationstätigkeit meinen.

22 Ausführlich zur Demokratiedebatte Fisahn 2017; Steinberg 2013; Ekardt 2016.

23 Im deutschen verfassungsrechtlichen Schrifttum wurde das Feld »Nachhaltigkeit und Demokratie« bislang primär unter Bezug auf die friedliche Nutzung der Kernenergie sowie auf die zunehmende Staatsverschuldung debattiert; vgl. etwa Püttner 1980; ausführlich jetzt Ekardt 2016.

24 Anklingend bei Jonas 1979; kritisch Stengel 2011 und Ekardt 2016.

25 Siehe Gawel 2001; Lübbe 2000; Winter 2001; Ekardt 2016, § 5 A.

26 Dies, generell die Rechtsinterpretation und die Gewaltenteilung werden ausführlicher betrachtet bei Ekardt 2016, §§ 1 D. III., 5 B.

27 Zu dieser Debatte etwa Betzler / Schroth 2014, S. 279 ff.; teilweise auch Lübbe 2016; klassisch Rawls 1979, S. 19 und passim.

28 Auch das Beispiel von Betzler / Schroth 2014, S. 281, dass man nicht ein eigenes Kind zugunsten zweier in Afrika vernachlässigen könnte, ist mitnichten eine abwägungsfrei gewonnene Erkenntnis. Denn erstens ergeben sich – siehe Fließ-

text – bei der Anwendung jener in der Tat anzuerkennenden ethischen und rechtlichen Regel durchaus Spielräume. Und zweitens ist die Schaffung der Regel ihrerseits Ausdruck einer Abwägung zwischen verschiedenen Belangen, in deren Ergebnis es als bestes Ergebnis erschien, eine Sorgepflicht für Minderjährige zu etablieren und diese regelmäßig den Eltern anzuvertrauen.

29 Siehe Ekardt 2016, § 4 B.; Enders 1997; übergangen zum Beispiel von Honneth 2011, S. 151 und passim.

30 Einige im juristischen (teilweise aber auch im ethischen) Diskurs diesbezüglich auftretende Fragen wurden bei Ekardt 2016, § 4 näher erörtert. zum Beispiel sind das die Fragen danach, wie Freiheiten, Freiheitsvoraussetzungen und freiheitsförderliche Bedingungen zueinander stehen; ob Freiheit vor dem Staat mehr Gewicht verdient als der Freiheitsschutz vor den Mitbürgern; ob sämtliche Belange als Ausfluss des Freiheitsprinzips gedeutet werden können; und wie weit das Junktim von Freiheit und Folgenverantwortung reicht.

V. Schritte weg von den einfachen Wahrheiten – bei anderen, in uns, in mir (S. 143–164)

1 Siehe dazu Ekardt 2017; Ekardt 2016, § 2 G.

2 Zur problematischen Verstrickung gerade von Politik, Wirtschaft, Lobbyismus und Medien Bussemer 2011.

3 Vgl. zum Folgenden Ekardt 2007; Rodrik 2011, S. 288 f.

4 Siehe dazu Ekardt 2016, §§ 6, 7.

5 Ausführlich dazu Emmerich-Fritsche 2007, S. 629 ff.; skeptisch Rodrik 2011, S. 298; vermittelnd Krieger, AöR 2008, 315 ff.

6 Vgl. für eine Gesamtdarstellung der TTIP-Fragen den Sammelband von Ekardt / Unnerstall / Garske 2016.

7 Treffend dazu Petzner 2015.

Literaturverzeichnis

Das Kürzel »ff.« weist darauf hin, dass längere Abschnitte ab der zitierten Seite gemeint sind. Als letztes Aufrufdatum der Internetlinks gilt durchgängig der 15.06.2017.

Acemoglu, Daron / Robinson, James: Why Nations Fail. The Origins of Power, Prosperity and Poverty, London 2013.

Akerlof, G. A. / Shiller, R. J.: Animal Spirits. How Human Psychology Drives the Economy, and why it Matters for Global Capitalism, Princeton u. a. 2009.

Alexy, Robert: Recht, Vernunft, Diskurs, Frankfurt a. M. 1995.

Alexy, Robert: Theorie der juristischen Argumentation, 2. Auflage Frankfurt a. M. 1991.

Berger, Peter / Luckmann, Thomas: Die soziale Konstruktion der Wirklichkeit, Frankfurt a. M. 1960.

Betzler, Monika / Schroth, Jörg: Konsequentialisierung – Königsweg oder Sackgasse für den Konsequentialismus?, Zeitschrift für philosophische Forschung 2014, S. 279 ff.

Beyerl, Katharina: Der Klimawandel in der psychologischen Forschung, in: Voss, Martin (Hg.): Der Klimawandel. Sozialwissenschaftliche Perspektiven, Wiesbaden 2010, S. 250 ff.

Blöbaum, Anke: Ein umweltpsychologischer Blick auf das Verhältnis von Mensch und Umwelt, in: Knopf, Thomas (Hg.): Umweltverhalten in Geschichte und Gegenwart. Vergleichende Ansätze, Tübingen 2008, S. 228 ff.

Bussemer, Thymian: Die erregte Republik. Wutbürger und die Macht der Medien, Stuttgart 2011.

Crouch, Colin: Postdemokratie, Frankfurt a. M. 2008.
Dean, Jeremy: Making Habits, Breaking Habits. How to Make Changes that Stick, London 2013.
Diamond, Jared: Kollaps. Warum Gesellschaften überleben oder untergehen, 8.Auflage Frankfurt a. M. 2005.
Dworkin, Ronald: It is absurd to calculate human rights according to a cost-benefit analysis, The Guardian vom 24. 05. 2006, S. 12.
Eidenmüller, Horst: Rechtswissenschaft als Realwissenschaft, Juristenzeitung 1999, S. 53 ff.
Ekardt, Felix / Unnerstall, Herwig / Garske, Beatrice: Globalisierung, Freihandel und Umweltschutz in Zeiten von TTIP. Ökonomische, rechtliche und politische Perspektiven, Marburg 2016.
Ekardt, Felix: Kommentar zum Fluglärmgesetz, Nomos Deutsches Bundesrecht, Baden-Baden 2010.
Ekardt, Felix: Steuerungsdefizite im Umweltrecht. Ursachen unter besonderer Berücksichtigung des Naturschutzrechts und der Grundrechte – zugleich zur Relevanz religiösen Säkularisats im öffentlichen Recht, Sinzheim 2001.
Ekardt, Felix: Theorie der Nachhaltigkeit. Ethische, rechtliche, politische und transformative Zugänge – am Beispiel von Klimawandel, Ressourcenknappheit und Welthandel, 3. Auflage (beziehungsweise 2. Auflage der Neuausgabe) Baden-Baden 2016.
Ekardt, Felix / Lazar, Silvia: Vollziehbarkeit und Effektivität des untergesetzlichen Regelwerks im Bodenschutzrecht, Altlasten-Spektrum 2003, S. 237 ff.
Ekardt, Felix: Wir können uns ändern. Gesellschaftlicher Wandel jenseits von Kapitalismuskritik und Revolution, München 2017.
Ekardt, Felix: Wird die Demokratie ungerecht? Politik in Zeiten der Globalisierung, München 2007.
Emmerich-Fritsche, Angelika: Vom Völkerrecht zum Weltrecht, Berlin 2007.

Enders, Christoph: Die Menschenwürde in der Verfassungsordnung, Tübingen 1997.

Engel, Christoph / Kurschilgen, Michael: The Jurisdiction of the Man Within – Introspection, Identity, and Cooperation in a Public Good Experiment, Preprints of the Max Planck Institute for Research on Collective Goods, Bonn 2015.

Engländer, Armin: Zur begrifflichen Möglichkeit des Rechtspositivismus. Eine Kritik des Richtigkeitsarguments von Robert Alexy. Rechtstheorie 1997, 437 ff.

Enquête-Kommission »Wachstum, Wohlstand, Lebensqualität« des 17. Deutschen Bundestages: Schlussbericht, BT-Drs. 17/13300.

Esser, Josef: Vorverständnis und Methodenwahl in der Rechtsfindung, 2. Auflage Frankfurt a. M. 1972.

Fisahn, Andreas: Hinter verschlossenen Türen – halbierte Demokratie? Autoritären Staat verhindern – Beteiligung erweitern, Hamburg 2017.

Fücks, Ralf: Intelligent wachsen. Die grüne Revolution, München 2013.

Fücks, Ralf: Freiheit verteidigen. Wie wir den Kampf um die offene Gesellschaft gewinnen, Berlin 2017.

Gawel, Erik: Ökonomische Effizienzforderungen und ihre juristische Rezeption. Ein problemstrukturierender Überblick, in: Gawel, Erik (Hg.): Effizienz im Umweltrecht. Grundsatzfragen einer wirtschaftlichen Umweltnutzung aus rechts-, wirtschafts- und sozialwissenschaftlicher Sicht, Baden-Baden 2001, S. 9 ff.

Gordon, Robert: The Rise and Fall of American Growth, Princeton 2016.

Gronemeyer, Marianne: Die Macht der Bedürfnisse. Überfluss und Knappheit, 2. Auflage Darmstadt 2009.

Guérot, Ulrike: Der neue Bürgerkrieg. Das offene Europa und seine Feinde, Berlin 2017.

Häberle, Peter: Verfassungstheorie ohne Naturrecht, Archiv des öffentlichen Rechts 1974, S. 437 ff.

Habermas, Jürgen: Diskursethik, Philosophische Texte Bd. 3, Frankfurt a. M. 2009.

Habermas, Jürgen: Erkenntnis und Interesse, Frankfurt a. M. 1968.

Habermas, Jürgen: Moralbewusstsein und kommunikatives Handeln, Frankfurt a. M. 1983.

Habermas, Jürgen: Theorie des kommunikativen Handelns, 2 Bde., Frankfurt a. M. 1981.

Habermas, Jürgen: Wahrheit und Rechtfertigung, Frankfurt a. M. 1999.

Hamann, Hanjo: Evidenzbasierte Jurisprudenz. Methoden empirischer Forschung und ihr Erkenntniswert für das Recht am Beispiel des Gesellschaftsrechts, Tübingen 2014.

Hannover, Bettina: Was bestimmt das Geschlecht? Über das Zusammenspiel von Biologie und sozialer Umwelt, Forschung & Lehre 2014, 892 f.

von Harbou, Frederik: Empathie als Element einer rekonstruktiven Theorie der Menschenrechte, Baden-Baden 2014.

Hasler, Felix: Neuromythologie. Eine Streitschrift gegen die Deutungsmacht der Hirnforschung, München 2012.

Heath, Chip / Heath, Dan: Switch. Veränderungen wagen und dadurch gewinnen, Frankfurt a. M. 2013.

Helms, Ludger: Wie verändert die Internationalisierung von Politik, Gesellschaft und Ökonomie die liberale Demokratie in Europa?, Zeitschrift für Politik 2007, S. 1119 ff.

Herrmann, Ulrike: Der Sieg des Kapitals. Wie der Reichtum in die Welt kam – die Geschichte von Wachstum, Geld und Krisen, München 2015.

Hey, Christian: Wege aus dem Wachstumsdilemma – kritische Anmerkungen zu einer aktuellen Debatte, Zeitschrift für Umweltpolitik und Umweltrecht 2012, S. 125 ff.

Heyen, Dirk Arne / Fischer, Corinna u. a.: Mehr als nur weniger. Suffizienz – Notwendigkeit und Optionen politischer Gestaltung, Freiburg 2013, http://www.oeko.de/oekodoc/1837/2013-506-de.pdf.

Honneth, Axel: Das Recht der Freiheit, Frankfurt a. M. 2011.
Hulme, Mike: Streitfall Klimawandel. Warum es für die größte Herausforderung keine einfachen Lösungen gibt, München 2013.
Illies, Christian: The Grounds of Ethical Judgement – New Transcendental Arguments in Moral Philosophy, Oxford 2003.
Irrgang, Bernhard: Lehrbuch der evolutionären Erkenntnistheorie. Thesen, Konzeptionen und Kritik, 2. Auflage München 2001.
Institut für ökologische Wirtschaftsforschung (IÖW): Wir sind so frei – elf Unternehmen lösen sich vom Wachstumspfad, Berlin 2015.
Jackson, Tim: Wohlstand ohne Wachstum, München 2011.
Jaeckel, Liv: Gefahrenabwehrrecht und Risikodogmatik. Moderne Technologien im Spiegel des Verwaltungsrechts, Tübingen 2010.
Jakob, Michael / Edenhofer, Ottmar: Growth, Degrowth, and the Commons, Oxford Review of Economic Policy 2014, 447 ff.
Janis, Irving: Victims of Groupthink, Boston 1972.
Jensen, Annette / Scheub, Ute: Glücksökonomie, München 2015.
Jonas, Hans: Das Prinzip Verantwortung, Frankfurt a. M. 1979.
Kahneman, Daniel: Thinking – fast and slow, New York 2011.
Klingholz, Reiner: Sklaven des Wachstums. Die Geschichte einer Befreiung, Frankfurt a. M. u. a. 2014.
Klöhn, Lars: Kapitalmarkt, Spekulation und Behavioral Finance, Berlin 2006.
Konrad, Kai / Zschäpitz, Holger: Schulden ohne Sühne? Warum der Absturz der Staatsfinanzen uns alle trifft, München 2010.
Kreide, Regina / Niederberger, Andreas (Hg.): Internationale Politische Theorie. Umrisse und Perspektiven eines neuen Forschungsfeldes, Stuttgart 2016.
Krieger, Heike: Die Herrschaft der Fremden. Zur demokratietheoretischen Kritik des Völkerrechts, Archiv des öffentlichen Rechts 2008, S. 315 ff.
Kuckartz, Udo: Nicht hier, nicht jetzt, nicht ich. Über die symbo-

lische Bearbeitung eines ernsten Problems, in: Welzer, Harald / Soeffner, Hans-Georg / Giesecke, Dana (Hg.): Klimakulturen. Soziale Wirklichkeiten im Klimawandel, Frankfurt a. M. 2010, S. 144 ff.

Kuhlmann, Wolfgang: Reflexive Letztbegründung, Freiburg / München 1985.

Liedtke, Max: Der Mensch zwischen Gefühl und Verstand – Grenzen und Chancen des rationalen (und nachhaltigen) Verhaltens, in: Korczak, Dieter (Hg.): Die emotionale Seite der Nachhaltigkeit, Kröning 2011, S. 37 ff.

Lottermoser, Florian: Der reflexive Konsument. Gesellschaftsinteresse im 21. Jahrhundert, Baden-Baden 2014.

Lübbe, Weyma: Handlungen, Handlungskonsequenzen und das Vollständigkeitsaxiom. Ein handlungstheoretischer Kommentar zum entscheidungstheoretischen Konsequentialismus, Zeitschrift für philosophische Forschung 2016, S. 325 ff.

Lübbe, Weyma: Neminem laedere? Archiv für Rechts- und Sozialphilosophie 2000, Beiheft 74, S. 73 ff.

MacKay, David / Cramton, Peter / Ockenfels, Axel / Stoft, Steve: Price Carbon – I will if you will, Nature 2015, 315 ff.

Malthus, Thomas: Das Bevölkerungsgesetz, München 1977.

Meadows, Dennis u. a.: Die Grenzen des Wachstums, Stuttgart 1972.

Milgram, Stanley: Das Milgram-Experiment. Zur Gehorsamsbereitschaft gegenüber Autorität, Reinbek 1982.

Milinski, Manfred / Marotzke, Jochem: Das Klimaspiel. Warum scheitern Klimaverhandlungen?, in: Marotzke, Jochem / Stratmann, Martin (Hg.): Die Zukunft des Klimas. Neue Erkenntnisse, neue Herausforderungen, München 2015, S. 93 ff.

Mudde, Cas: Die eigentliche Populismusfalle, IPG-Journal 2017, http://www.ipg-journal.de/kommentar/artikel/die-eigentliche-populismusfalle-1937/

Muraca, Barbara: Gut leben. Eine Gesellschaft jenseits des Wachstums, Bonn 2015.

Nagel, Thomas: Geist und Kosmos. Warum die materialistische

neodarwinistische Konzeption der Natur so gut wie sicher falsch ist, Berlin 2013.
Nowak, Martin / Highfield, Roger: Kooperative Intelligenz. Das Erfolgsgeheimnis der Evolution, München 2013.
Otto, Daniel: Potenziale und Grenzen von epistemic communities. Eine Analyse des Weltklimarates und der Klimarahmenkonvention, Münster 2015.
Paech, Niko: Befreiung vom Überfluss, München 2012.
Paqué, Karl-Heinz: Wachstum! Die Zukunft des globalen Kapitalismus, München 2010.
Pauen, Michael / Welzer, Harald: Autonomie. Eine Verteidigung, Frankfurt a. M. 2015.
Petzner, Stefan: Haiders Schatten. An der Seite von Europas erfolgreichstem Rechtspopulisten, Wien 2015.
Piaget, Jean: Die Psychologie des Kindes, Olten 1972.
Piketty, Thomas: Das Kapital im 21. Jahrhundert, Bonn 2015.
Püttner, Günter: Staatsverschuldung als Rechtsproblem, Berlin u. a. 1980.
Radermacher, Franz Josef / Beyers, Bert: Welt mit Zukunft. Die ökosoziale Perspektive, 2. Auflage Hamburg 2011.
Radkau, Joachim: Natur und Macht, München 1999.
Rawls, John: Eine Theorie der Gerechtigkeit, Frankfurt a. M. 1979.
Reich, Robert: Superkapitalismus. Wie die Wirtschaft unsere Demokratie untergräbt, Frankfurt a. M. u. a. 2008.
Risikokommission: Abschlussbericht, Berlin 2003.
Ritzi, Claudia: Die Postdemokratisierung politischer Öffentlichkeit. Kritik zeitgenössischer Demokratie – theoretische Grundlagen und analytische Perspektiven, Wiesbaden 2014.
Rodrik, Dani: Das Globalisierungs-Paradox. Die Demokratie und die Zukunft der Weltwirtschaft, München 2011.
Roose, Jochen: Lobby durch Wissenschaft – Umweltverbände und ökologische Forschungsinstitute im Vergleich, 2006, http://userpage.fu-berlin.de/ffu/akumwelt/download/OJEPS_01_Roose.pdf

Rorty, Richard: Hoffnung statt Erkenntnis. Eine Einführung in die pragmatische Philosophie, Wien 1994.

Rühl, Ulli: Tatsachen – Interpretationen – Wertungen, Baden-Baden 1998.

Santarius, Tilman: Der Rebound-Effekt. Ökonomische, psychische und soziale Herausforderungen für die Entkopplung von Wirtschaftswachstum und Energieverbrauch, Marburg 2015.

Sassen, Saskia: Das Paradox des Nationalen. Territorium, Autorität und Rechte im globalen Zeitalter, Frankfurt a. M. 2008.

Scarano, Niko: Wozu Metaethik?, FIPH-Journal 19/2012, S. 1 ff.

Scheidler, Fabian: Das Ende der Megamaschine. Geschichte einer scheiternden Zivilisation, Wien 2015.

Schellnhuber, Hans Joachim: Selbstverbrennung. Die fatale Dreiecksbeziehung zwischen Klima, Mensch und Kohlenstoff, München 2015.

Scholz, Roland: Environmental Literacy in Science and Society. From Knowledge to Decisions, Cambridge 2011.

Scholz, Roland: Umweltforschung zwischen Formalwissenschaft und Verständnis. Muss man den Formalismus beherrschen, um die Formalisten zu schlagen?, in: Daschkeit, Achim / Schröder, Winfried (Hg.): Umweltforschung quergedacht. Perspektiven integrativer Umweltforschung und -lehre, Berlin 1998, S. 309 ff.

Selten, Reinhard: Mit Experimenten geht es besser. Über eingeschränkte Rationalität, Wirtschaftskrise und interdisziplinäres Arbeiten, ZiF-Mitteilungen 1/2011, 24 ff.

Sen, Amartya: Die Idee der Gerechtigkeit, München 2010.

Sennett, Richard: Respekt im Zeitalter der Ungleichheit, Berlin 2002.

Snyder, Timothy: Über Tyrannei. Zwanzig Lektionen für den Widerstand, 4. Auflage München 2017.

Soff, Marianne: Vorsatz, Wille, Bedürfnis – Schlussfolgerungen, in: Korczak, Dieter (Hg.): Die emotionale Seite der Nachhaltigkeit, Kröning 2011, S. 85 ff.

Somek, Alexander / Forgo, Nikolaus: Nachpositivistisches Rechtsdenken, Wien 1996.
Sommer, Bernd / Welzer, Harald: Transformationsdesign. Wege in eine zukunftsfähige Moderne, München 2014.
Stamp, Frauke: Die Wahrheit im Strafverfahren. Eine Untersuchung zur prozessualen Wahrheit unter besonderer Berücksichtigung der Perspektive des erkennenden Gerichts in der Hauptverhandlung, Baden-Baden 1998.
Steinberg, Rudolf: Die Repräsentation des Volkes. Menschenbild und demokratisches Regierungssystem, Baden-Baden 2013.
Stengel, Oliver: Suffizienz. Die Konsumgesellschaft in der ökologischen Krise, München 2011.
Stern, Nicholas: A Blueprint for a Safer Planet: How to manage Climate Change and create a new Era of Progress and Prosperity, Cambridge 2009.
Stern, Nicholas: Stern Review Final Report, 2006, abrufbar unter http://www.hm-treasury.gov.uk/stern_review_report.htm
Stoll-Kleemann, Susanne / O'Riordan, Tim / Jaeger, Carlo: The psychology of denial concerning climate mitigation measures: evidence from Swiss focus groups, Global Environmental Change 2001, S. 117 ff.
Stoll-Kleemann, Susanne: Fleischkonsum im 21. Jahrhundert – ein Thema für die humanökologische Forschung, GAIA 2014, S. 366 ff.
Stoll-Kleemann, Susanne / O'Riordan, Tim: The Sustainability Challenges, Environment 3/2014, S. 34 ff.
Sukhdev, Pavan: Corporation 2020. Warum wir Wirtschaft neu denken müssen, München 2013.
Sunstein, Cass / Reisch, Lucia: Automatisch Grün – Verhaltensökonomik und Umweltschutz, Zeitschrift für Umweltpolitik und Umweltrecht 2013, S. 119 ff.
Tomasello, Michael: Die Ursprünge der menschlichen Kommunikation, Frankfurt a. M. 2009.
Tomasello, Michael: Eine Naturgeschichte des menschlichen Denkens, Frankfurt a. M. 2014.

Vetter, Reinhold: Nationalismus im Osten Europas, Berlin 2017.
Vogt, Markus: Prinzip Nachhaltigkeit. Ein Entwurf aus theologisch-ethischer Perspektive, München 2009.
von der Pfordten, Dietmar: Sein, Werten, Sollen, Archiv der Rechts- und Sozialphilosophie 1993, S. 48 ff.
von der Pfordten, Dietmar: Suche nach Einsicht. Über Aufgabe und Wert der Philosophie, Hamburg 2010.
Watzlawick, Paul: Wie wirklich ist die Wirklichkeit?, 3. Auflage München 2004.
Weber, Andreas: Alles fühlt – Mensch, Natur und die Revolution der Lebenswissenschaften, Berlin 2008.
Weber, Max: Gesammelte Aufsätze zur Wissenschaftslehre, 6. Auflage Tübingen 1984.
Welzer, Harald: Die smarte Diktatur. Der Angriff auf unsere Freiheit, Frankfurt a. M. 2016.
Welzer, Harald: Klimakriege. Wofür im 21. Jahrhundert getötet wird, Frankfurt a. M. 2008.
Welzer, Harald: Selbst denken. Eine Anleitung zum Widerstand, Frankfurt a. M. 2013.
Westle, Bettina (Hg.): Methoden der Politikwissenschaft, Baden-Baden 2009.
Wilson, Edward: Der Sinn des menschlichen Lebens, München 2015.
Wilson, Edward: Die soziale Eroberung der Erde, München 2013.
Winter, Gerd: Über Nutzen und Kosten der Effizienzregel im öffentlichen Recht, in: Gawel, Erik (Hg.): Effizienz im Umweltrecht. Grundsatzfragen einer wirtschaftlichen Umweltnutzung aus rechts-, wirtschafts- und sozialwissenschaftlicher Sicht, Baden-Baden 2001, S. 97 ff.

Register

Die Abkürzung »ff.« wird nachstehend stets so verwendet, dass die Seiten, auf die damit verwiesen wird, mit dem Abschnitt enden, in den verwiesen wird.

Über den Autor

Felix Ekardt, Jahrgang 1972, Jurist, Soziologe und Philosoph, ist Leiter der Forschungsstelle Nachhaltigkeit und Klimapolitik in Leipzig und Berlin sowie Professor für öffentliches Recht und Rechtsphilosophie an der Universität Rostock und Mitglied des Leibniz-WissenschaftsCampus Phosphorforschung Rostock. Seine Forschungsschwerpunkte sind Bedingungen sozialen Wandels sowie Politik, Recht und Ethik der Nachhaltigkeit, was auch Verfassungsfragen liberal-demokratischer Ordnungen einschließt. Regelmäßige Beiträge in Radio, Fernsehen und überregionalen Tageszeitungen; Politikberatung zur Energie- und Klimawende und allgemein zu Nachhaltigkeitsthemen auf EU-, Bundes- und Landesebene; zahlreiche Kommissionsmitgliedschaften, Auszeichnungen und Vorträge, etwa auf den Weltkongressen der Rechtsphilosophen, der Rechtssoziologen, der Düngerforscher, der Nachhaltigkeitsforscher und auf dem Weltökosteuerkongress. Im Ehrenamt ist er unter anderem Landesvorsitzender des BUND Sachsen.